【全彩圖解】

速戰速決

孫子兵法鬼速工作術

成功交涉
時間管理
思維邏輯

前言

《孫子兵法》是二千五百年來傳誦至今、世界最古老的兵書。以往都被視為領導人必讀的書籍，但在現今這個時代任何人也都應該讀一讀。

之所以這麼說是因為，從《孫子兵法》中可以學到現代上班族必須具備的「談判技術」和「實際的思考能力」。

《孫子兵法》一書中，闡述要在爭戰中致勝的手段。再擴大來說，這裡所謂的「爭戰」也可以看成是一種「談判」。「縱使想達成自己的利益，但和自己的利益相左或不一致時，該怎麼辦？」這點成了《孫子兵法》整部內容的主題。

即便是商場上，不管在公司內、公司外，利益未必都會一致，其中必須設法解決的「爭戰」何其多，不是嗎？《孫子兵法》所要傳授的，並不是要人在這些爭戰中以完勝作為目標，而是如何「不費吹灰之力」地作戰；換句話說，就是教人「高明的

談判手法」。

《孫子兵法》還有一項在古典作品中少見的特色，那就是重視「時間」。「在有限的時間內該怎麼做才好？」這類的內容頗多。書上認為：「若優柔寡斷，就會變得一發不可收拾！」因此，在必須決斷的時候，據書上所言：應該從「決斷上並非最佳」的想法中，選出「較佳」的。

在現今的時代，「時間」因素變得非常重大；也就是說，時時刻刻必須在有限的時間、有限的資源下判斷「該怎麼做」。這時，若有人問：「何謂勝利？」我想，所謂的勝利並非積極地戰鬥，而是好好去收拾。

在本書中，可以透過漫畫學習到這些《孫子兵法》的想法。本書汲取《孫子兵法》的精華，同時對於如何實際運用在日常的工作中，也提出許多具體的點子。希望讀者藉由閱讀本書而了解《孫子兵法》，進而對各位的工作有所助益。

齋藤　孝

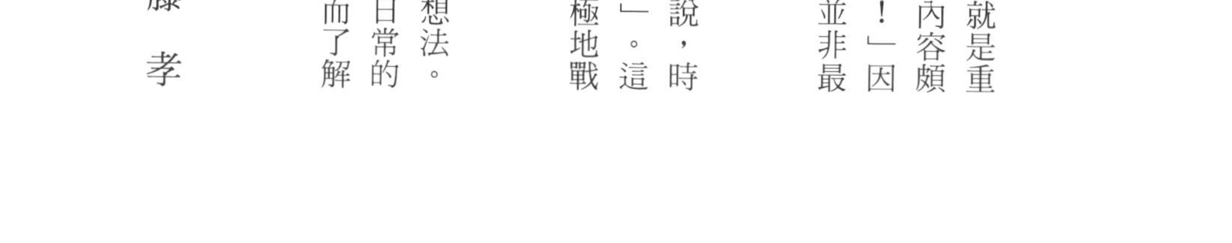

漫畫

漫畫是以某電機製造商為場景，員工們靠著學習《孫子兵法》，成長為能獨當一面的社會人士的故事。

介紹出場人物們所學的《孫子兵法》其原文和解釋。

描述著一邊活用《孫子兵法》的思維，一邊克服工作上的阻礙。

詳見「解說 & 圖解」所在的頁面頁碼。

基本

緒論
《孫子兵法》的基本認識

介紹《孫子兵法》的由來和歷史上運用此兵書的人物。由此可知《孫子兵法》的生成和為何它對工作有助益。

解說 & 圖解

解說漫畫上出現的《孫子兵法》。由於也有介紹在工作現場上能夠實踐的具體想法，所以從明天起馬上就能開始運用！

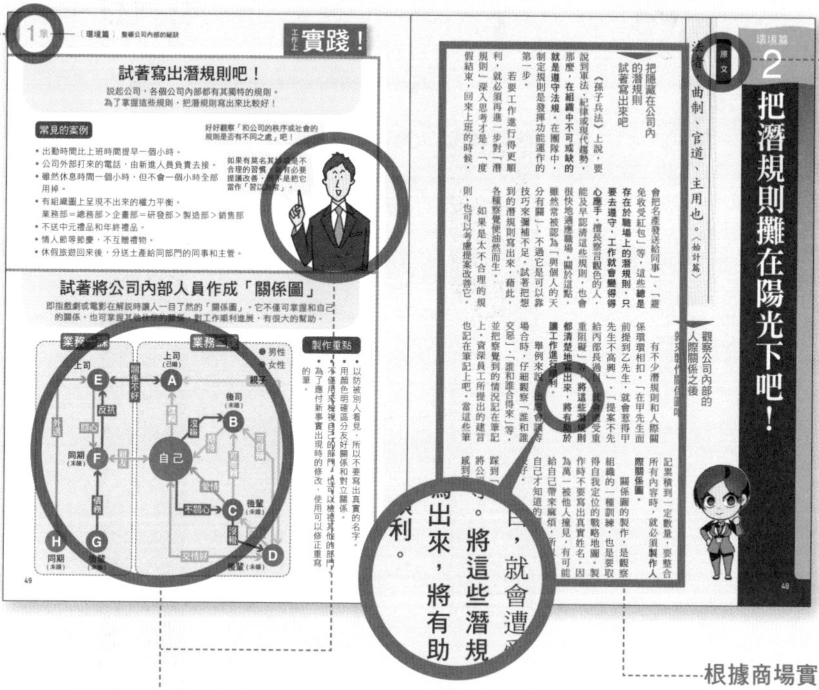

本書針對每種商業狀況，將《孫子兵法》分類在本書的六個篇章中。

《孫子兵法》的原文。試著發出聲音讀出來！

用圖解方式介紹每天工作上都能實踐的思維想法。

重點的地方用粗黑字體呈現。

根據商場實況，解說漫畫中出現的《孫子兵法》。

齋藤派

工作上的創新點子

在各章最後，可以學到齋藤老師獨創對工作有幫助的快速解決問題術。內容充滿許多令人立刻想嘗試的創新思維。

CONTENTS

緒論

1章

2章

個人篇 上班族的自我成長

3章

指導者篇 領導者的自我成長

4 章 競爭篇 競爭和談判進展順利的祕訣 123▼154

5 章 失敗和補救篇 失敗時的處理和預防 155▼186

6章

團隊篇 打造更強的團隊！

Chinatsu Asou

麻生千夏

西東電機　商品企畫二課員工

過去在企畫一課勤奮工作，現在則調到倉儲部門的二課任職。她大膽直言的剛強性格，也因此吃了不少苦頭。

Ryota Miyakawa

宮川亮太

西東電機　商品企畫二課員工

剛踏進公司第二年的新人，擁有朝氣蓬勃、爽朗的個性。雖然工作有幹勁，但因經驗不足，有時給人瞎忙的感覺。高津武典的大學學弟，常被欺負。

Saito

齊藤

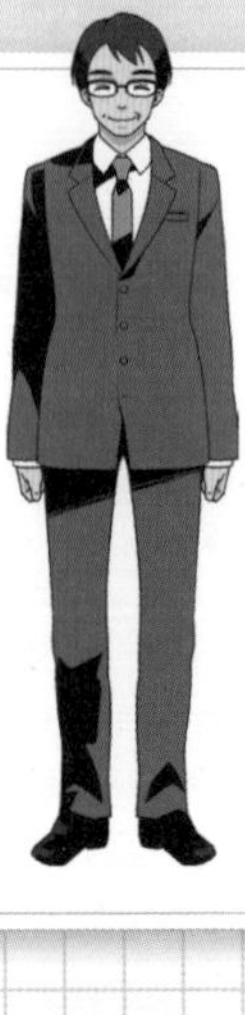

西東電機　商品企畫二課課長

極為深謀遠慮又穩重的人物，人脈也廣，受周遭人仰慕。精通古籍，並將《孫子兵法》的思想傳授給麻生千夏等人。

緒論

《孫子兵法》的基本認識

The basic volume

高津武典

西東電機　商品企畫二課員工

到職第六年，是宮川亮太和本多摩季的學長，原先任職於業務部。隨和是他的工作態度。器重宮川亮太。

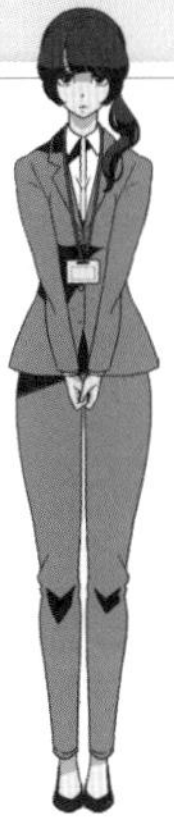

本多摩季

西東電機　商品企畫二課員工

到職第四年。因不敢表達己見，加上畏畏縮縮的個性，所以怕生。對於不起眼的工作也會孜孜不怠埋首完成。

幸田津年武

西東電機　商品企畫二課員工

到職第六年，和高津武典同時進公司任職。熟知電腦和程式，大部分薪水都花在電腦零件上。

序幕

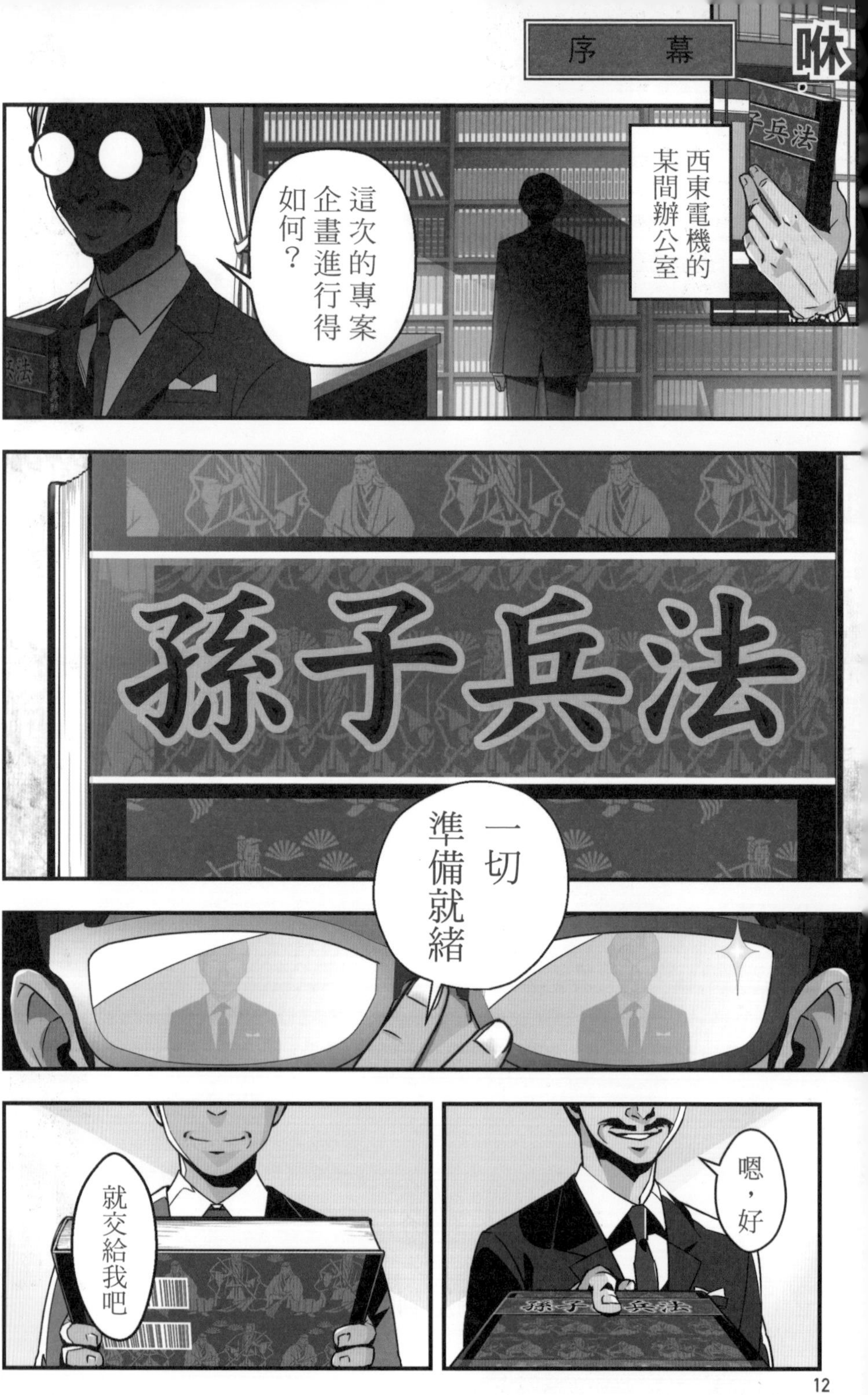
咻
西東電機的某間辦公室
這次的專案企畫進行得如何？
孫子兵法
一切準備就緒
嗯，好
就交給我吧
孫子兵法

○○發○○號
20XX 年○月○日

致　麻生千夏　小姐

西東電機股份有限公司
董事長　松平和信

調職令

２０ＸＸ年○月○日起，調派到商品企畫二課任職。

（完）

啊
啊
吔？
這
是怎麼回事……
我嗎？
麻生小姐發生了什麼事？
嘀嘀咕咕
難道是跟前陣子的企畫有關？這傢伙真倒霉
這樣啊
真慘耶！
竟調到那個管倉儲的二課
噗哧
嘀嘀咕咕
哐
哐
哐
企畫只不過失敗一次而已，竟遭到這種懲罰……
西東電機
商品企畫二課
麻生千夏(歲)
太過分了！

咯噔
咯噔
商品企畫二課
大家早
嘎嘎
商品企畫二課 課長
齊藤（55歲）
嗨，各位，看這裡！
啪啪

從今天起，我們二課增加一名新夥伴
來自企畫一課的麻生小姐
麻生小姐請跟大家打招呼
啊，我是麻生千夏
今天起轉調到商品企畫二課
以前是……
宮川亮太（23歲）
本多摩季（25歲）
高津武典（28歲）
幸田津年武（28歲）

……所以
今後請多多指教
啪
啪啪啪
大家要好好相處喔
啪
接下來要提醒大家一下，
在新商品的競賽上，我們二課也要提出企畫
吔？
競賽……
關於競賽
我們二課的企畫有被採用過嗎？
裝肖ㄟ啊 裝肖ㄟ
因麻生小姐曾在一課待過，會有經驗
所以麻煩你擔任這企畫的主管喔

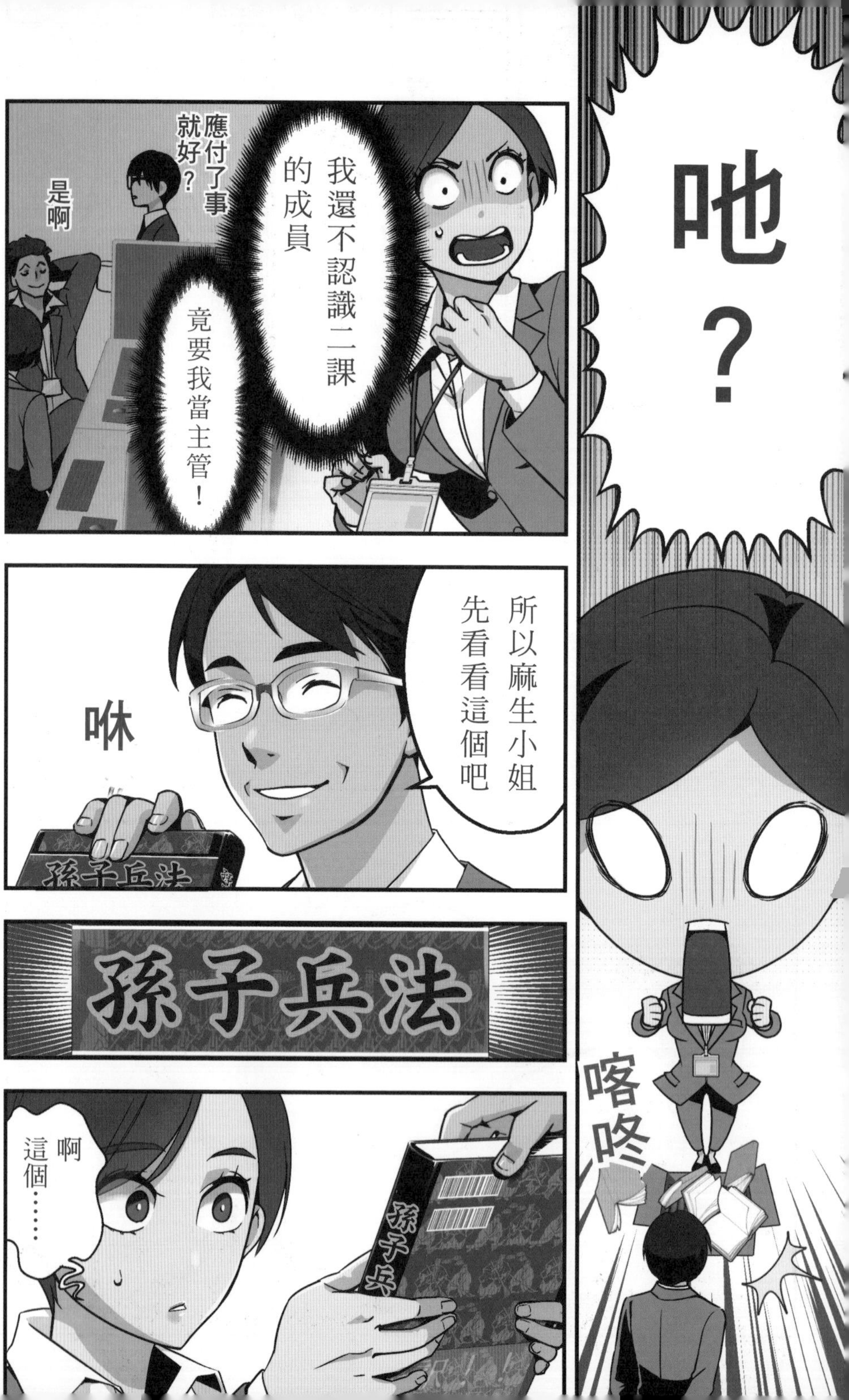
吔？
喀咚
我還不認識二課的成員
竟要我當主管！
應付了事就好？
是啊
所以麻生小姐先看看這個吧
咻
孫子兵法
孫子兵法
啊這個……

這本書，我曾在商業書的架上看過，是寫給經營管理者看的書吧？
孫子兵法
《孫子兵法》
講述贏得戰爭勝利的所有技巧，是世界最古老、最厲害的戰略書籍哦
吼
吼
吼
吼
吼
對你的工作也一定有幫助哦
閃光
吔？這麼古老的書？
對現在的工作有幫助？……

《孫子兵法》誕生時的春秋時期諸國
春秋時期，約從公元前722年到公元前473年左右，是小國林立的動亂時代，也是在戰爭上從重視禮儀之爭，轉變為追求實質利益之戰的時代。
薊
燕
齊
臨淄
衛
曹
晉
朝歌
陶丘
阜曲
曲沃
宋
鄭
魯
秦
周
商丘
成周
鄭州
宛丘
陳
上蔡
蔡
吳
姑蘇
楚
會稽
郢
越
興起的吳國幸好採納了不落窠臼思維的《孫子兵法》，才得以和中原大國相互爭雄。

1 《孫子兵法》是如何誕生出來的？

《孫子兵法》是當時軍人必讀的兵書

所謂的**《孫子兵法》**相傳是春秋時期（公元前七二二～公元前四七三年），吳王闔閭重用的軍事家**孫武所撰寫的兵書《孫子》**。孫武的名聲在群雄割據的戰國時期已享譽各地，以《荀子》、《尉繚子》、《韓非子》為代表的戰國時期，到秦漢時代的典籍上，都可見到「孫子」之名或引用其文章內容，《孫子兵法》也成了軍人必讀的書籍。西漢時期的史學家司馬遷（公元前一四五～公元前八六年左右）所編寫的**《史記．孫子吳起列傳》中，也有相關的描述**。對從事軍事有關的人來說，《孫子兵法》無疑是一本暢銷書。

毫無記載原作者成謎

撰寫《孫子兵法》的孫武及其影響

公元前	
七七一	西周滅亡
	中原地區小國分立
六三二	晉國大敗楚國，稱霸中原
六世紀末	晉國政治體制崩壞
	中原諸國對立激烈
	吳國、越國在江南地區勢力抬頭
	孫武受吳王闔閭重用，出仕吳國
五一一	吳王闔閭開始攻打楚國
五〇六	吳國攻入楚國都城郢
	吳越之戰開始
四九六	勾踐即位為越王
	吳國和越國大戰中，吳國大敗
	吳王闔閭戰死，夫差即位為吳王
四九四	吳國擊敗越國
四八八	吳國攻打魯國並索要「百牢」為貢禮
四八七	吳國打敗魯軍（簽訂城下之盟）
四八四	吳國打敗齊軍
四八二	吳王夫差成為中原霸主
四七五	越國攻打吳國，包圍都城三年
四七三	吳王夫差自殺，吳國滅亡
五世紀後半葉～	韓國、魏國、趙國、齊國、楚國、燕國爭霸中原
三五三	趙國向齊國求援 靠著齊國軍師孫臏的計策打敗魏國
三四一	被魏趙兩國聯手攻打的韓國，向齊國求援，靠著齊國軍師孫臏的計策打敗魏國
三二二	秦國勢力抬頭，公元前二二一年，秦王政即位，自稱「始皇帝」

提供：akg-images/アフロ

春秋時代的軍事家

孫武

來自齊國的軍事家，也是思想家。據說，孫武誕生於公元前535年，為齊國王族之一的田氏一族。王族間傾軋內亂時，遂離開齊國。據記載，孫武身為軍事家的實力，受到吳國宰相伍子胥的讚賞，而在吳國都城郊外展開《孫子兵法》之路。

在伍子胥舉薦下，被吳王闔閭招攬擔任軍事顧問期間，孫武將宮女當作士兵，進行軍事操演。為了展現軍令的重要性和將軍的威嚴，甚至將嬉鬧、不聽從號令者斬首等作為，重新讓吳王認可他的軍事才華。這些事蹟都在《史記》上有所記載。

不過，跟孫武本人有關的記載幾乎沒有流傳下來。「孫武真的是《孫子兵法》的作者嗎？」「不是虛構的人物嗎？」諸如此類的議論甚囂塵上、議論紛紛。進而，比孫武晚了大約一百五十年的時代，出現一位有名的軍事家「孫臏」，也被稱之為「孫子」。「真正的作者可能是這位孫臏吧！」這個說法曾被視為可能性最大。

雖然作者成謎，眾說紛紜，但在一九七二年，在山東挖掘西漢時代後期的古墓中，發現大量竹簡（也就是將狹長竹片用繩子編綴起來，用以撰寫文章的材料）。其中發現流傳到現在的《孫子兵法》和另外由孫臏所撰寫的兵書。**由此可明確得知，孫臏所寫的兵書，和《孫子兵法》有別，是另一部兵書。**《孫子兵法》的作者爭論因此告終。

2 《孫子兵法》的內容有哪些？

由13篇所組成的《孫子兵法》

1 始計

此篇說明：在發動戰爭之前，比較本國和敵國的狀況，並確實思考是否有勝算的重要性。

2 作戰

此篇說明：在國內的軍隊編制方法和派遣軍隊上所需的預算其估計的方法。

3 謀攻

此篇說明：比起實際的戰鬥，更應該以謀略戰勝敵人。

4 軍形

此篇說明：我軍應該嚴密固守，等待敵軍呈現失敗的跡象，將自我損失降到最低，來贏得勝利。

5 兵勢

此篇說明：戰爭並非靠個人的戰鬥力，而是以軍隊的氣勢來取勝的重要性。

6 虛實

此篇說明：掌握敵軍的行動，以及能經常對我方有利的作戰戰術。

7 軍爭

此篇說明：「縱使比敵軍晚出發，我方軍隊也能先行到達戰場」的戰術作。

8 九變

此篇說明：移動軍隊時的九種隨機應變處理方法。

改變以往戰爭樣貌的兵書

早在《孫子兵法》登場之前，列國所進行的戰爭，主要是仰賴各路英雄，以及職業軍人所駕馭的戰車（也就是由馬匹來拖拉車輛的作戰工具），在平原上進行的短期決戰。相較於此，孫武所在的新興國家吳國，則沒有依循階級制度而來所謂的「職業軍人」身分，而是採取「**作戰時，一般市民手持武器，充作步兵，參與作戰**」的方式。

吳國靈活運用機動力強、能夠自由行動的步兵，並用各式各樣的謀略，攻擊身為超級大國的楚國，使其疲憊不振，最後占領楚國都城而獲得大勝。之後，吳國也把列國攪得天翻地覆，留下輝煌的戰績。在中國古代有所謂《武經七書》的古典兵書。其中，**《孫子兵法》可稱得上是大大改變當時兵法的兵書**。

中國具代表性的古典兵書《武經七書》

孫子兵法	針對將領所寫的兵書。因原文非常簡明扼要，所以後世出現各式各樣的注釋本。
吳子	自古以來就與《孫子兵法》齊名並稱的兵書。以吳起為主角的故事形態，記述軍事上的運用方法。據說原為48篇，但現存的只有6篇。
尉繚子	相傳是名為「尉繚」的這號人物所撰寫的兵書。除了《孫子兵法》、《吳子》之外，也有部分內容受到《孟子》、《韓非子》等的影響，因此也有人以此斷定此書是後人託名偽作。
六韜	透過姜太公呂尚與周文王、武王的對話，講述軍事理論，以此形式所寫成的兵書。由《文韜》、《武韜》、《龍韜》、《虎韜》、《豹韜》、《犬韜》等6卷組成。其中的《虎韜》，日本人稱之為《虎之卷》，堪稱兵書的精髓。
三略	相傳是由姜太公所撰、仙人黃石公修訂而成的兵書，由上略、中略、下略3卷組成。
司馬法	據說是由司馬穰苴所著的兵書。「司馬」是古代掌管軍事的官職名稱。
李衛公問對	是唐太宗和唐朝名將李靖的對答集。此書中，分析和評論歷代的兵法和軍事家、將軍等人物。

9

行軍

此篇說明：軍隊移行法、按兵不動法、偵察方法，以及行軍時的注意事項。

10

地形

此篇說明：因應戰場的特性，所用的戰術運作方法和統率軍隊的方法。

11

九地

此篇說明：九種土地的特徵和因應各個特性的作戰方式，以及讓陷入困境的士兵博命奮戰的方法。

12

用間

此篇說明：取得情報的重要性和細作的運用方法。

13

火攻

此篇說明：使用頗具威力的火攻戰術和對戰爭慎重其事的態度。

闡述切合實際的想法而非不切實際的理想

由十三個篇章所構成的《孫子兵法》，大體上可分為四部分。**第一篇至第三篇是關於開戰前的準備；第四篇至第六篇是有關軍事地位的建立；第七篇至第十一篇是關於軍事運用法則**；接著，第十二篇和第十三篇則是關於特殊的作戰方法。從描述「戰爭的心理準備」的總論開始，循序漸進地進入「說明具體戰術和運用方法」的各論，以此鋪陳各篇的主題。

《孫了兵法》的價值在於，有系統地運用**符合實際作戰的現實想法**，而非不切實際的理想論點，來記述詭譎多變的戰爭。

3 《孫子兵法》為何對工作有幫助？

時至今日也適用的五大特色

1

中階主管級的技巧滿載！

《孫子兵法》是給效忠君王且帶領士兵的將領所看的兵書。把國家替換為公司、君王換成上司、士兵換成屬下的話，那麼，在此書中富有讓人在商場上吃得開的大量開示。

2

能學到「時間管理的重要」！

《孫子兵法》雖是古代典籍，但因記述著時時刻刻變化的戰場上所需的因應之道，因此嚴格講求時間觀念。對於有時間壓力的商業人士來說，此書中到處可見值得參考的論點。

3

談判技術能夠一技在身！

《孫子兵法》中，闡述著避免與對方起正面衝突的相關欺敵取勝的方法和策略。它是一本能夠應用在業務現場、簡報發表會、會議等場合上的教科書。

讓人在變化劇烈的現代存活下來的教科書

《孫子兵法》雖是用非常簡潔的文體寫出來的，但並不是隨便讀一讀就能領會兵法的精髓。戰爭不單單只是武力之間的衝突，而是各種條件錯綜複雜交織在一起而造成的。就算從某個角度來看，它是有效的戰術，但隨著時間的流逝，之後就完全成為反效果，這種情況也屢見不鮮。

同樣地，今日的商場也是極其複雜。以往談判、簽約這類複雜的工作都是由經營者、高階主管等這類大人物去做。然而現今的時代，演變成「和客戶訂定合約」等事宜**皆要講求效率，現場人員必須自己去思考並付諸行動**；換言之，在職場上必須具備多方面的能力，從某種意義來說，這是個嚴峻的時代。也就是說，**每一個身為《孫子兵法》上所稱的將領之人，都非戰不可。**

4

能減輕工作壓力！

工作上的壓力主要是在人際關係上日積月累所形成的；也就是說，不管怎樣同事間都會對對方產生出喜好或厭惡的感覺。但如果學習《孫子兵法》上合乎情理的思維，那麼在談判上或公司內部的溝通上，就不會產生沒必要的煩惱。

5

越來越會作出正確且果決的判斷！

工作建立在錯誤的策略上，不管多麼努力都不會有好的結果。若要追求成功，則必須摒除徒勞無功的工作，作出戰略上正確的判斷。從《孫子兵法》上能學到不被別人的情感左右，而作出正確決斷的思考方法。

《孫子兵法》的活用與否在於「應用能力」

《孫子兵法》上並沒有寫出具體的戰法，只闡述著對於現在所處狀況的基本思考方式，因此，如何活用全憑讀者的應用能力。這就是為什麼自古以來各種注釋版本因應而生，又或者是被引用在不少書籍刊物上的原因。讀者應用《孫子兵法》，不僅在戰爭上，也能活用在以商業為首的各種場合上，這可說是《孫子兵法》存在的真正價值。

是學習思考方法的典籍而非攻略本

在《孫子兵法》一書中，蘊含無數要在嚴峻的時代中脫穎而出的竅門。原本它是一本教人在戰爭中如何致勝的兵書，但視讀者的應用狀況而定，它也能運用在現代的各種場合上。

諸如，從剛進公司的新手到中階主管都能使用的戰略、要讓談判進展順利的訣竅、要讓職場的人際關係圓滑的辦法、聰明運用時間的方法等，《孫子兵法》所傳授的並非膚淺的小聰明，而是**培養對工作有幫助的邏輯思考能力**。

4 有哪些成功人士讀過《孫子兵法》？

政治及戰爭篇：學過《孫子兵法》的成功者

曹操

中國・155～220年

東漢末期奠定魏國基礎的武將。《三國演義》中，描述他是一個獨裁、殘暴的壞人角色。曹操認真研究《孫子》；據說，現今留傳下來的《孫子兵法》十三篇，是以他所編纂的《魏武注孫子》為基礎。

即使在實際戰爭中，他也運用《孫子兵法》。在遭到包圍而陷入困境的「安宋之役」中，即便兵士不得不拼死作戰的狀況，他也使用高明的計策，使自己存活下來。

武田信玄

日本・1521～1573年

日本戰國時代帶領武田家的武將。身為名將，威名遠播，武田軍隊震懾各國，在與德川、織田聯手的軍隊對戰的「三方原之戰」中，參考「迂直之計」的戰法，欺敵眼目，誘敵出兵，設圈套，對敵吶喊，利用機動游擊部隊擾亂敵軍，最後大獲勝利。

軍旗上的「風林火山」字樣，出自於《孫子兵法》上的「其疾如風，其徐如林，侵掠如火，不動如山」之意。

提供：首藤光一/アフロ

廣泛應用在培養作戰人才上

《孫子兵法》自問世以來，在中國境內長年受人們研究，也出現許多注釋本，甚至靈活運用在後世的亂世時代。現存最古老的注釋本，是《三國志》中知名的魏國武將**曹操**所留傳下來的。

據說，將其傳到中國境外的周邊諸國，是在唐朝（八世紀左右），傳到西方是在十八世紀。

在日本戰國時代的武將們把學習《孫子兵法》當作嗜好，尤其最有名的是，將「風林火山」用在軍旗上的**武田信玄**。

把年代往後推移，進到日本的明治時期，大日本帝國的海軍提督**東鄉平八郎**及其副官**秋山真之**都喜愛《孫子兵法》這本書。除此之外，放眼西方國家，據傳，法國國王**拿破崙**也喜歡讀《孫子兵法》。

東鄉平八郎

日本．1847～1934年

出身於日本鹿兒島地區的薩摩藩士，日俄戰爭時，擔任聯合艦隊司令官，也是指揮「三笠」艦隊打敗俄國巴魯艦隊的提督。在日本海進行海戰時，和參謀秋山真之並肩作戰，多方面模擬演練俄國艦隊的行動，擬定七階段的攻擊計畫，作好萬全準備。正式作戰時，面對整體戰力上取勝的大敵，大膽地在敵軍眼前來個一百八十度大轉彎（日本戰史稱之為「敵前大回頭」），造就出數個有利己方的局面，因此大獲全勝。

拿破崙．波拿巴

法國．1769～1821年

整頓法國革命後的混亂局面，建立獨裁政權的法國共和國皇帝。1805年，和奧地利軍隊作戰的烏爾姆戰役中，利用騎兵部隊擾亂敵人的軍事行動，同時派兵繞到奧軍後方，進行包圍。在己方未有什麼損失的情況下，迫使對方投降，並拿下三萬名士兵和六十門大砲。

僅靠機動戰略，唬弄誤導敵軍，不戰而勝的戰法，可以說果不其然是《孫子兵法》上的戰術。

毛澤東

中國．1893～1976年

中國共產黨初期中央委員會主席。和率領國民政府軍的蔣介石對抗時，面對採取圍剿戰術的國民政府軍，毛澤東率領的共產黨軍反復運用小規模的抵抗和撤退的戰法對抗，因而獲勝。嚴格遵守軍事紀律，並長期掌握人心的毛澤東，可以說正確地實踐了《孫子兵法》。在他所撰寫的《中國革命戰爭的戰略問題》和《持久戰論》中，引述《孫子兵法》的原文，並積極活用在政策上。

從兵書到商業書

知名將領們為作戰而學習《孫子兵法》，但政治家也把它當作思想書，加以活用。領導共產黨、建立中華人民共和國的**毛澤東**，留傳下來的著作中便引用了《孫子兵法》的內容。從追求實質利益，採取務實政策的作為上，足見《孫子兵法》對他的影響。

除了普遍用在戰略上的思維之外，也廣泛擴及到商場上的領導者身上。舉例來說，微軟共同創辦人之一且為《富比世》雜誌全球億萬富豪榜名列前茅的**比爾．蓋茲**、軟銀創辦人**孫正義**等，這些資訊科技業界舉足輕重的大人物們，都是《孫子兵法》的好學之人。

皮爾．蓋茲

美國．1955年～至今

將《孫子兵法》視為圭臬典籍，在他的著作和公開書信等內容中，經常可看到《孫子兵法》的引用。他和保羅．艾倫共同創辦微軟，開發電腦上不可或缺的作業系統（OS），靠著專利金獲取莫大的利益。掌握對手的迫切所需，這樣的手法果不其然可說是出自於《孫子兵法》吧！

產品和服務相繼推陳出新，再加上經常需要果敢決斷的業界，諸如電腦、資訊科技等產業，在這些產業界中，似乎喜愛熟讀《孫子兵法》者不乏其人。甲骨文創辦者賴瑞．埃里森、「Salesforce」聯合創始人馬爾克．貝尼奧夫等，這些業界巨擘也都公開表明自己是《孫子兵法》的喜愛者。

野村克也

日本．1935年～至今

球員時代為日本棒壇知名捕手，據說當年在迎戰對方擊球員時，從策略的運用中，發現蒐集情報並加以分析的重要性。擔任正處於低迷狀態的養樂多燕子隊總教練時，將選手成績化為數據，應用在指導上。

這種手法稱之為「ID（Important Data；大數據）野球」，不依賴經驗和直覺，而是重視數據，就這樣帶領球隊，奪得三次日本第一。在棒球界，美國職棒大聯盟也有一例。那就是，大聯盟奧克蘭運動家球隊的總經理靈活運用所謂「賽伯計量學」的棒球統計學，將實力差的球團培養成實力強大的球隊。

足球教練路易斯．菲利佩．斯科拉里等名將，也是喜愛閱讀《孫子兵法》的人。

©日刊スポーツ/アフロ

©Rodrigo Reyes Marin/ アフロ

孫正義

日本．1957年～至今

創辦軟體銀行，僅僅花了三十多年，就讓公司成長到總市值日本境內第二、銷售額傲人的龐大企業。雖然常用併購企業的戰術遭到批評，但他說：「不戰而勝」是兵法上的最高境界。他一邊引用《孫子兵法》，同時冠上自己的「孫」姓，創造「孫的二乘法則」策略，並活用在經營管理上。

孫的二乘法則

各橫列上，分別標示：理念（致勝的條件）、遠景（領導者應具備的智慧）、戰略（身為最高權威之人的戰鬥方法）、心理準備（領導者的心境）、戰術（作戰方法），並將其活用在決策的指導方針上。

理念	道	天	地	將	法
遠景	頂	情	略	七	鬥
戰略	一	流	攻	守	群
心理準備	智	信	仁	勇	嚴
戰術	風	林	火	山	海

1 章

環境篇

The environment

整頓公司內部的祕訣

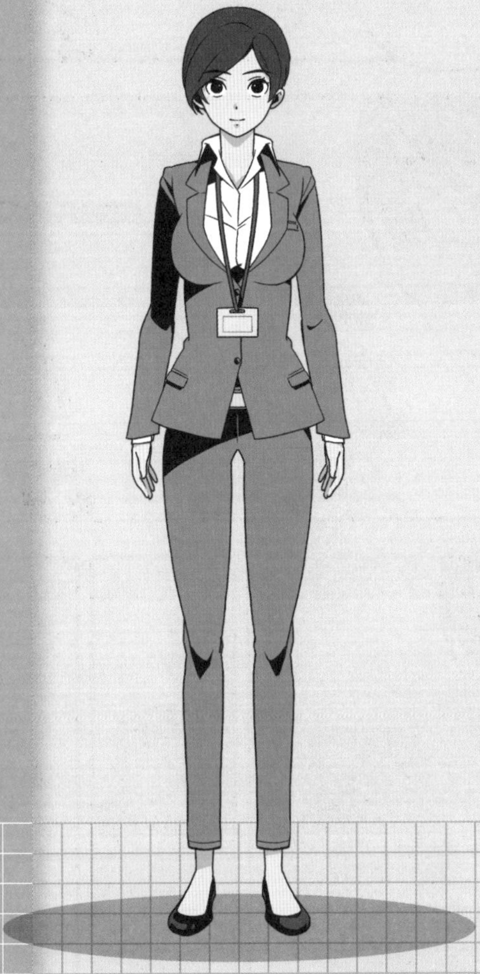

西東電機
會議室
這次要做的是「新濃縮咖啡機的商品企畫」
你們有什麼好點子？
沉——默
本多小姐認為如何？
驚嚇
吔……
抖抖抖抖抖～～…
洩氣…

驚恐……
宮川先生覺得如何？你認為什麼樣的產品會受歡迎？
這個嘛
這個嘛
哎呀
我不知道要講什麼好……
其他的人呢……
轉頭
微笑 微笑 微笑
該拿這些成員如何是好啊……
唉
嗚嗚……好想回一課
道者，令民……

叩叩
孫子兵法
超訳
這個？
微笑 微笑 微笑

孫子兵法

道者，令民與上同意，可與之死，可與之生，而不畏危也。

解釋 「道」，是指讓人民的目標與君主相同，意志統一。如果平時能做到這點，那麼作戰時，就能讓人民對統治者的命令毫不懷疑，生死與共，而不會懼怕危險。總之，這段話說明：上司和屬下的溝通是非常重要的。

P46 CASE1 打造上通下達訊息順暢的組織吧！

目標統一＝溝通強化？
〔古代〕
統治者
人民
〔現代〕
工作
上司
屬下
總之……
是說「要打造易於溝通的環境」吧？

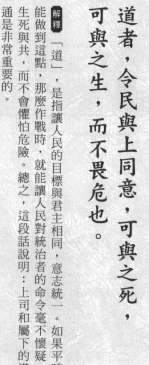

要不要試著做做看「偏好圖」？
動
・網球（打的人）
・棒球（看的人）
食物
・餃子、壽司、各種肉類
文具
・以星期排列的記事本
四色原子筆
閱讀
這是我的偏好
偏好圖？
也就是，將各個喜好的東西寫出來，以此為基礎來開會
如果有紙和書寫的東西，很容易就能開始做
這可是我大力推薦的溝通工具喔
1 請寫下各自的偏好圖。
偏好圖
寫 寫 寫 寫 寫 寫
2 收回列印之後發給大家。
回收&COPY
按人數

⇨詳細步驟參見第 47 頁

幸田的偏愛圖
組裝電腦
CPU：Core i7-K
GPU：GF GTX 999
SSD：1TB
記憶體：DDR4x4
電影
漫畫
自己組裝電腦，這要花多少錢才能做好呀？
宮川的偏愛圖
・公路車
・室內足球
・抱石攀岩
・電玩
食物
咖哩
薯條
漢堡
看配置規格而定……
本多的偏愛圖
・手作麵包
・筆記本
・芳香療法
・搜尋室內裝飾
・看書
・睡午覺
・馬爾濟斯犬
高津的偏愛圖
女子全部
電影
綜藝節目
酒
酒甕
捉弄宮川亮太
那部電影很好看喔
啊哦……
本多小姐在室內方面的興趣不少耶
和高津似乎根本合不來
高津是不是和宮川很要好？
好像很愛護他的樣子
大學時期的學長學弟關係吧
哈囉
幸田是最難了解的人物，但好像喜歡跟電腦有關的東西

總覺得可以看出他們的本性，但不知道是否可把這運用在工作上
嗯……

法者，曲制、官道、主用也。
咻
驚嚇

孫子兵法

法者，曲制、官道、主用也。

解釋 「法」，是指「制定軍隊編制的軍事制度」、「制定官吏管理的軍事制度，以監督軍隊」、「君王為了領導統御軍隊，和將軍訂下協議，關乎後勤調配和保障的軍事制度」。這段話說明：將組織中的規則，明文制定出來的重要性。

P48 CASE 2 把潛規則攤在陽光下吧！

把你的「總覺得」試著一次寫出來看看？
請不要突然在我背後冒出來！

幸田
高津
同期
熱愛電腦者
輕浮男
漠不關心
……難以攀談
捉弄學弟！
學長饒了我吧
追求？
沒轍
宮川
本多
菜鳥新人
畏首畏尾
這表被人看到
可能會被人說閒話吧……
這樣一來就一目了然了
似乎對分擔工作和區分團隊有幫助
首先從銷售部門取得市場數據，然後進行分析……
幾天後
啪啪
真慢……
終於傳來了
以前在Ⅱ課時很快就能拿到……
那麼……

……
怎麼回事
無法專心……
亂糟糟
亂糟糟……

課長
我出去一下

天者，陰陽、寒暑、時制也。
試著改變場所，是不錯的決定喔

孫子兵法

天者，陰陽、寒暑、時制也。地者，高下、遠近、險易、廣狹、死生也。

解釋 「天」，是指晝夜、陰晴寒暑、四季更替。「地」，是指地勢的高低、路程的遠近、地勢的險要平坦、國土或戰場的廣闊狹窄、讓軍隊生死存活的地方。這說明選擇戰場，也就等於說，選擇環境，是非常重要的。

P50 CASE 3 改變環境來提高鬥志吧！

SouthNorth cafe
OPEN

我要開動了！
以前一直對這裡的咖啡情有獨鍾！
在這裡好像能集中精神……
啊啊
所以那傢伙不行！
咚
可惡！被別人搶先一步！
要樹立那樣愚蠢的「榜樣」，可就慘了
哇！
啊
是業務經理……
沒轍
嘮叨
嘮叨
唉……
枉費進了那麼棒的店……
沒什麼進展……

幾天後
雖然大家提供了各式各樣的點子
但如果不查一查製造成本，就難以縮小範圍

比預定時程晚了許多……
雖然不擅長處理計算金額上必要的文件……
但今晚非得完成不可……

砰

總是用全力投球，會讓人疲憊不堪喔

孫子兵法

合於利而動，不合於利而止。

解釋 對古代善於作戰的人來說，敵軍的戰鬥局勢如果對我軍有利才用兵，如果不利我軍，則停止應戰。也就是說，看見作戰時機才進攻，見不利於我方，就不要勉強出兵，這點非常重要。

P52 CASE 4 有效率地分配勞動資源吧！

有鬆有緊的意思吧……
我想自己老是被看起來沒幹勁的課長叨念，也是有點問題
呵
今天就來振作一下吧
辛苦了
轉換一下心情，要不要去喝一杯？
啪
要請客嗎？如果是這樣的話，就走吧！
?!
吔，什麼事？去喝一杯嗎？
雖然搞不清狀況，但也算我一份
唧聒
唧聒
吔？那個
我……
大家不是都下班回去了嗎？
出乎意料
這算團隊合作……
錢夠吧……

哇哈
哇哈
……誒
麻生小姐為什麼會被一課丟出來呢？
你是藉酒壯膽，才問這令人討厭的問題吧
我也不知道啦！那麼惹人厭……
咻
驚嚇
這樣不行喔！

課……課長！
請不要突然冒出來！

《孫子兵法》上有所謂「吳越同舟」的說法

孫子兵法

夫吳人與越人相惡也，當其同舟而濟，遇風，其相救也如左右手。

解釋 吳國人和越國人是互相仇視的。但是當他們同船渡河而遇上大風時，他們相互救援，就宛如人的左右手一般。這說明，不管關係多不好，但如果有相同的目的，就變得會去互相幫忙。

P54 CASE 5 在團隊中建立共同目標吧！

在這裡的成員們
我認為他們各自都有突出的拿手領域

的確……大家都很有個性耶
所以才不團結吧……

難得大家都同在「二課」這條船上
難道大家不願同心協力，讓這次的企畫成功嗎？
……而且
這次的比賽如果成功，好像還有獎金呢！
閃光
……怎麼會不團結呢！
那麼，獎……
啊！不是
為新獎……新主管乾杯！
大家一起同心協力吧！
你們……
加油大家一起努力！
打倒一課！

自此之後
分析數據
喀答
喀答 喀答 喀答 喀答
蒐集情報
你們課打算企畫什麼？
吔～
製作資料
大家的士氣都很高昂的樣子
麻生小姐
啪
嗒
關於昨天出爐的點子，它的製造成本
請交給我來計算吧！
沒問題嗎？
是的！

孫子兵法

夫將者，國之輔也。輔周則國必強，輔隙則國必弱。

解釋 將帥，本是輔佐國君的角色。輔佐得縝密周詳，則國家必然強大，輔佐得疏漏失當，則國家必然衰弱。也就是說，平時就有溝通，互動往來順遂，這樣的組織必定強大。

P56 CASE 6 領導者和執行者必須密切配合

環境篇 1

打造上通下達訊息順暢的組織吧！

原文

道者，令民與上同意，可與之死，可與之生，而不畏危也。〈始計篇〉

縱然立場不同 但組織內部的認知 能否一致？

《孫子兵法》上說，居上位者和民眾同心一氣，是非常重要的。主管和屬下、員工和員工之間等，**縱使立場不同，但都朝向一致的方向，這樣的組織必定強大無比**。若要打造這樣的組織，那麼，居上位者就必須要告知下屬「打算做什麼」，全體人員必須具有相同的認知。

在缺乏溝通、傳遞管道不暢通的組織裡，認知難以一致。「很怕被主管叫去談話」、「聽到這種事，對方可能會惱羞成怒吧」，在諸如此類令人畏畏縮縮的氛圍下，不僅認知難以達成一致，就連失誤應呈報的報告等都會延遲向上通報，甚至還可能走到問題無法補救的地步。

平時就有 充分的溝通 才能使組織變強大！

即使想讓溝通活絡起來，但也不能突然要求大家：「一起來痛快聊一聊吧！」過去，藉著喝一杯來進行溝通，被視為有效的作法。也就是說，在黃湯下肚便侃侃而談的情況下，彼此吐露真心話，**相互了解對方的「為人」**。

然而，「上班以外的時間，不想被工作綁住」、「和職場上的同事劃清界限，彼此只是工作上的關係」，最近抱持這類想法的人越來越多。或許是經濟衰退，終身雇用制度也跟著瓦解，員工們沒有餘力和閒工夫彼此如家人一般互動。在這樣的氛圍下，當意見相左時或斥責屬下時，有可能會反應過度，使彼此關係陷入惡化。

因此，為了知道同事或上司的為人，而想引進公司內部的一項作法，就是「偏好圖」的運用。所謂的**「偏好圖」**，是指寫出自己感興趣的事物，然後給對方看，藉機製造交談的機會。藉此自己的喜好能讓對方知曉，也能營造出可以輕鬆聊天的環境。

工作上實踐！

首先，檢視周遭是否上通下達訊息暢通吧！

自己的工作環境是不是訊息上通下達？首先，就來利用下方的檢查表，核對、確認看看吧！

- □對於工作的疏失，不先想解決對策，而是先責備，這樣的狀況居多。
- □面對疏失，不與人商討，而認為自己來解決比較好。
- □組織的氛圍是「就算知道他人有疏失，也抱著事不關己的態度」。
- □工作量多，沒有「積極提出新點子」的氛圍。
- □就算表達了意見，但大家對意見都沒什麼反應。
- □比起說話內容，大家比較在乎「話是誰說的」。
- □即使有可用的情報，但由於每個人各自管理而難以共享。
- □很難知道每個人目前在做什麼工作。

☑ **1個**
表示上通下達極好。

☑ **2～3個**
表示上通下達不良。積極地閒聊，努力相互了解吧。

☑ **4個以上**
顯示出危險警訊！舉辦研習等，及早處理此狀況吧。

利用「偏好圖」改善溝通

公司內部的研習等場合中，如果能製作並相互分享這「偏好圖」，就容易進行溝通，所以務必做做看。

偏好圖 想到自己有什麼喜好，就直接把它寫出來。

食物
咖哩　讚岐烏龍麵　油條
炸牡蠣　醃漬竹筴魚　吻仔魚

電影
007系列　復仇者聯盟
無仁義之戰　吉卜力　新世紀福音戰士

動物
笨貓　六角恐龍　文鳥

場所
北海道　奧秩父　飛驒　夏威夷
美術館　海　富士山

研習步驟1（約5分）
大致解說一下「偏好圖」，然後發給每個人A4白紙一張。

▼

研習步驟2（約20分）
逐條列出各自的喜好。寫完之後，如果是一對一，就和對方交換，如果是多人的話，看有多少人就列印多少份，然後分給每個人。

▼

研習步驟3（約30分）
一邊看著他人的「偏好圖」，一邊和他人談論彼此之間的共同點，或是有興趣的東西吧！

環境篇

2 把潛規則攤在陽光下吧！

原文

法者，曲制、官道、主用也。〈始計篇〉

把隱藏在公司內的潛規則試著寫出來吧

《孫子兵法》上說，要說到軍法、紀律或現代趨勢，那麼，**在組織中不可或缺的就是遵守法規**。在團隊中，制定規則是發揮功能運作的第一步。

若要工作進行得更順利，就必須再進一步對「潛規則」深入思考才是。「度假結束，回來上班的時候，會把名產發送給同事」、「避免收受紅包」等，這些**總是存在於職場上的潛規則，只要去遵守，工作就會變得得心應手**。擅長察言觀色的人，能及早認清這些規則，也會很快地適應職場。關於這點，雖然常被認為「與個人的天分有關」，不過它是可以靠技巧來彌補不足。試著把想到的潛規則寫出來，藉此，各種察覺便油然而生。

如果是太不合理的規則，也可以考慮提案改善它。

觀察公司內部的人際關係之後就來製作關係圖吧

有不少潛規則和人際關係環環相扣。「在甲先生面前提到乙先生，就會惹得甲先生不高興」、「提案不先給內部長過目，就會遭受重重阻礙」等。**將這些潛規則都清楚地寫出來，將有助於讓工作進行順利**。

舉例來說，出席會議等場合時，仔細觀察「誰和誰交惡」、「誰和誰合得來」等，並把察覺到的情況記在筆記上。資深員工所提出的建言也記在筆記上吧。當這些筆記累積到一定數量，要整合所有內容時，就必須**製作人際關係圖**。

關係圖的製作，是觀察組織的一種訓練，也是要取得自我定位的戰略地圖。製作時不要寫出真實姓名。因為萬一被他人撞見，有可能給自己帶來麻煩，所以只用自己才知道的標號來書寫比較好。

不僅在公司內盡量不要踩到「地雷」，還要積極地將公司內部打造成一個令人感到舒適的環境。

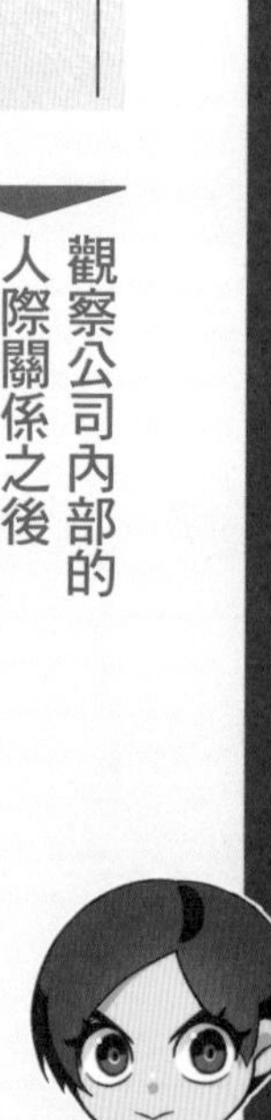

工作上 實踐！

試著寫出潛規則吧！

說起公司，各個公司內部都有其獨特的規則。
為了掌握這些規則，把潛規則寫出來比較好！

常見的案例

好好觀察「和公司的秩序或社會的規則是否有不同之處」吧！

- 出勤時間比上班時間提早一個小時。
- 公司外部打來的電話，由新進人員負責去接。
- 雖然休息時間一個小時，但不會一個小時全部用掉。
- 有組織圖上呈現不出來的權力平衡。
  業務部＝總務部＞企畫部＝研發部＞製造部＞銷售部
- 不送中元禮品和年終禮品。
- 情人節等節慶，不互贈禮物。
- 休假旅遊回來後，分送土產給同部門的同事和主管。

如果有莫名其妙或是不合理的習慣，就有必要提議改善，而不是把它當作「習以為常」。

試著將公司內部人員作成「關係圖」

即指戲劇或電影在解說時讓人一目了然的「關係圖」。它不僅可掌握和自己的關係，也可掌握其他伙伴的關係，對工作順利進展，有很大的幫助。

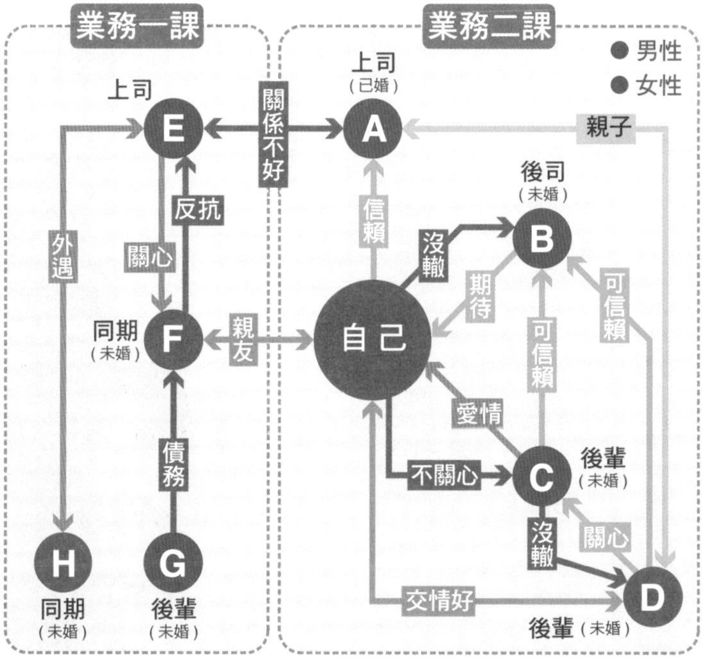

製作重點

- 以防被別人看見，所以不要寫出真實的名字。
- 用顏色明確區分友好關係和對立關係。
- 不僅用來檢視自己的部門，也可以檢視其他的部門。
- 為了應付新事實出現時的修改，使用可以修正重寫的筆。

環境篇

3

改變環境來提高鬥志吧！

原文

天者，陰陽、寒暑、時制也。地者，高下、遠近、險易、廣狹、死生也。〈始計篇〉

操控環境打造出有利於己的場所吧

《孫子兵法》上說，諳知天候、地形是戰勝敵人的必要條件。我們可以想像得到，這點在戰場上是理當該顧慮的事，但要把它一成不變地套用在商場上，就有因難。

「下雨的時候，客人懶得出門」、「夏季不夠炎熱時，啤酒的銷售下滑」等，這些狀況對某些特定的行業來說，固然很重要，但普遍來看，天候或地形並沒那麼重要。

不過，把天候和地形的意思層面擴大，若將其看成是「**環境設定**」，那麼，舉凡會面的場所、會議的席位順序、監盯屬下的時候等，各種場合上都能加以應用。

即使天候沒有改變，但透過「是在對方的地盤上會面，還是由我方來提供場地」等，這類的安排都有可能**創造出有利於自己的局面**。

要戰勝自己內心的敵人就從環境下手吧

工作環境的安排，不僅僅侷限於和誰會面等場合上，一個人獨處的時候，它也非常重要。例如，當你坐在書桌前辦公的時候，**「敵人」就是自己的內心**。抑制「怕麻煩、想偷懶」的心情，如何維持鬥志？這點就靠環境來掌控吧。

當覺得陷入瓶頸、坐困愁城的時候，可以移師到附近的咖啡廳去處理文書工作，更別說是提不起幹勁的時候，也可如法炮製。這麼一來，**空氣、景致改變了，腦筋的開關也會跟著切換**。非得想出點子不可的時候，有種說法是，與其坐在書桌前絞盡腦汁，還不如到附近散步閒晃，比較容易想出點子來。

雖說是改變環境，但如果移師的新場所有不少誘人的事物，好比說擺放著電視或有趣物品的自家中，這類場所反而會帶來反效果；也就是說，環境太過讓人身心放鬆，會使人變得完全不想碰工作上的事，這種情況也有可能發生。如果工作場所或家裡，是會讓人心不在焉的場所，那麼不妨事先找好可以待很久的咖啡廳、圖書館等其他場所，也是不錯的。

讓環境有利於己的技巧

每次的會面或談判時，心情都會根據在哪裡進行，而受到不同的影響。
請把談判進展有利於我方的技巧，牢牢記住吧！

因會面的環境而出現差異！

約在外面

優點

- 不論是自己或是對方，在環境上都處於對等的條件。
- 比較輕鬆，能促進彼此交談。
- 易於建立友好關係。

缺點

- 需要花點時間敲定場所等事宜。
- 談論要事的時候，必須防範隔牆有耳。

約在對方的公司

優點

- 讓對方安心，有助於建立信賴關係。
- 對方變得容易說出真心話。
- 有時能藉此了解對方公司的訊息或人際關係。

缺點

- 有時自己會緊張得無法發揮本來具備的談判能力。
- 容易變成追隨對方的步調。

約在自家公司

優點

- 心理上比較踏實安心。
- 面對談判的對手，能產生優越感。
- 依照不同的情況，能適時向公司內部求助。

缺點

- 因鬆懈，可能會說些無關緊要的廢話。
- 有時會造成對方緊張，因而沒辦法說出有意義的話。

因會面的座位安排而出現差異！

根據會面時的座位安排，也會在心理上產生不同的效果。面對面而坐，雖然便於討論，但極容易變成對決的樣子。所以，如右圖所示，斜角比鄰而坐的方式，既可拉近彼此心理上的距離，對談判合作上也會引起效用。

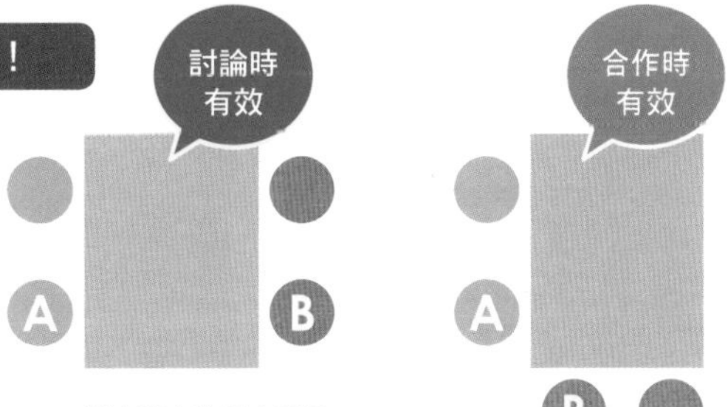

※主要人物是A和B。

環境篇

4 有效率地分配勞動資源吧！

原文

合於利而動，不合於利而止。〈九地篇〉

不管做任何工作盲目全力以赴終致身心俱疲

《孫子兵法》上說，有「利（也就是指勝算）」才戰，沒有勝算就停止作戰，這樣才是作戰高手。書上也提到，想要創造出「利」於我方的局勢，就要妨害對方，使其無法終結作戰，挑撥教唆，使其陷於混亂。這點運用在商場上，該做到什麼地步，雖難以判斷，但**能掌握「利」之有無，也就能順勢而為**。

就像景氣有好有壞、生意上有淡季和旺季一般，個人在工作上的表現也有好、壞的時候。「上個月表現很好，這個月卻連一份成交的合約都沒拿到」，一般人應該都有這樣的經驗吧。在這種情況下，通常會激勵自己：「這個月不加油不行了！」但是，在不順遂的時候，不管做什麼都有可能不順。這時不要硬撐，應該去休養生息。如果覺得只是休養生息，太可惜了，那麼可以利用這段時間去學些平時沒空學的東西，也很有意義。

在此附帶一提，當感覺到「進展不順、力不從心」的時候，就趕緊休息。不過，**一旦低潮退去，就使盡全力奮力一搏吧！**像這樣，配合著自己表現的起伏狀況來工作，有時會出現不錯的效果。

把負責的工作加以分類排好優先順序

工作上盡是有意義又有趣的事，當然是好，但其實，總有想拋棄、不想碰的事。有時趕忙著做無聊的工作，卻把看似有趣的事草率做。這個時候，**最好不要按照先來後到的順序，也不要照著別人所說的那樣去做事，而是試著先把工作分類**。依「時程表」、「困難度」、「趣味度」作為分類標準。

事先定好做事的順序和投入心力的程度，就不會發生「這件事沾一下、那件事做一點，最後半途而廢」的狀況。而且，也不會有「這麼努力卻沒獲好評」、白忙一場的情況發生。有智慧地分配勞動資源，並且要牢記工作有輕重緩急之分。

工作上排定優先順序

認真投入工作的模樣是很帥，但我們的身體沒有足夠的本錢對所有事情都全力以赴。利用優先順序，把工作加以分類，並考慮到有「利」之後，再來調整勞力吧！

處理的順序是以輕重緩急來分類

重要性高 重　　輕 重要性低

不急 緩　　急 急迫

第1優先
重要且非急著去做不可的工作。經常意識到必須第一優先著手。

第2優先
雖急迫但重要性不高的工作。一邊照著行程表走，一邊集中心力去做。

第3優先
雖重要但不急著去做也無妨的工作。扎扎實實實地花時間去著手。

第4優先
不重要也不急迫的工作。另外找多餘的時間去做也可以。

工作的優先順序，依照「重要性」和「急迫」的程度來作改變吧！

分配心力的投入是以苦樂緩急來分類

急迫 急　　緩 不急

無趣 苦　　樂 有趣

第1優先
既是有趣的工作，也是急迫的事。雖然急迫的部分讓人受不了，但因為是有意義的工作，所以全力以赴去做。

第2優先
既是有趣的工作，也是不急迫去做的事。因過分投入心力會影響到其他工作，所以暗中偷偷地挹注心力。

第3優先
時間急迫又無趣的工作。投入太多心力會減少工作熱情。稍微抽掉一點挹注的心力比較好。

第4優先
既不急迫又無趣的事。採用行政上的文書處理方式。也可視情況交由他人去做。

在無趣的工作上，就算傾全力去做，也會成為工作熱情降低的原因。依照工作的分類來改變投入心力的分配吧！

環境篇

5 在團隊中建立共同目標吧！

原文

夫吳人與越人相惡也，當其同舟而濟，遇風，其相救也如左右手。〈九地篇〉

毫不隱藏地告知危急的狀況使它成為一股動力

就算是彼此關係不好的人，一旦一同遭遇災難，或利害一致，休戚與共時，也會變得互相合作、互相幫助。「吳越同舟」這句成語就是形容這種狀況，它的典故出自《孫子兵法》。意思是說，激發士氣，使全軍團結一致，以期成為勇士軍團；為此，即使彼此有嫌隙，也迫使他們陷入不得不一起並肩作戰的局面。再者，製造這樣的局面也是將軍（即領導者）的任務。

商業上，雖然沒必要製造出《孫子兵法》上所言或連續劇裡所演的那樣沒有退路的窘境，但碰到如「交貨期限逼近，這樣下去就會來不及」的危急困境時，就**不要把全部工作攬在自己身上、獨力承擔，也不要隱瞞不報，應該要公開告知同仁**，並向大家疾呼：「靠大家的同心合力來克服吧！」

這時，如果領導者能明確指示「誰做什麼」，則會成為更強大的推動力道。

除此之外，縱使不是處於危急窘境，但建立共同目標，讓每一個人都對這目標有認知，這在增強團隊上是不可或缺的要件。

目標要具體而且不強人所難

共同的目標越具體，越容易謀求認知一致。好比說，「這個月的營業目標，必須比上個月提高多少」，那麼就會去「計算多少人要賺多少錢」，進而「算出自己必須比上個月更努力賺多少才好」。這樣一來，達成目標的計畫就變得容易建立起來。

要注意的是，**不要把具體的目標訂得荒謬至極**。好比說，要求屬下「一下子要達到十倍的量」。在這情況下，還沒去做，屬下就覺得「強人所難」，這樣也會削弱屬下的工作幹勁。目標具體化，不僅對團隊有用，也對個人在訂定目標上有成效。在達到最終目標的過程中，最好設定幾個階段。這種感覺，就像玩遊戲那樣「第一關解決，接著第二關解決」，不斷向前進級。

訂定團隊的目標

訂出共同的目標和敵人，藉此將團隊聚集起來。
透過巧妙的設定，讓團隊走向團結一致吧！

訂出目標和敵人（對手）的好處

沒有設定目標

B公司的產品
真不錯啊……
要勝A公司的
產品的話……
今天閒著
沒事做……
這個月如果
不增加營業
額的話……
想把自家產
品做得更好
……

方向分歧
團隊的意義薄弱……

有設定目標

（目標範例：拿下C公司產品2倍的銷售額）

賣多少個
才好呢？
對C公司的
產品進行
市場調查吧！
和自家公司
的產品
比比看吧！
對C公司的
產品進行
研究吧！

團隊集中
強大推動力生成

建立目標是有「訣竅」的

以「量」而非以「質」為基準

「質」這個基準會因人而異。以這種缺乏客觀性的東西作為基準的話，有可能會讓團隊內部產生混亂。和「質」比起來，以肉眼能看到的「量」（即數字等）作為基準比較好。

設定數值要具體

數值設定要具體。舉例來說，「今年要拿下60份合約」，那麼「要拿下60份合約，平均每個月要拿到5份；以20個工作天要拿到5份合約來計算，平均一份合約要花4個工作天取得。」像這樣，便可看到要達成目標的具體途徑。

不要訂出過高的目標

即便要設定數值，但數字設得太高，根本做不到的程度，那就沒意義了。達成目標所需要的時間、負責人的能力等，這些都弄清楚之後，才在有可能達成的範圍內，設定高目標。這點要牢記在心。

環境篇

6 領導者和執行者必須密切配合

原文

夫將者，國之輔也。輔周則國必強，輔隙則國必弱。〈謀攻篇〉

你能像君王那樣信任屬下嗎？

任何人在工作上都會出現想拜託別人幫忙的時候。這時若覺得「要跟別人說明工作內容很浪費時間」、「自己來做比較快」，就把事情都扛在自己身上，這麼一來很快就會做到筋疲力盡。

後輩或下屬達到能勝任某個職位的能力時，一定要委以重任。主管也必須身懷這種用人的絕技。可以說，會把**「託付工作」這件事做得好的人，就表示自己終於成為能獨當一面的人。**《孫子兵法》提及有關將軍和君王的指揮系統，點出君王信賴將軍，並委以重任，會建立如此親密關係的才是強國。如果君王和將軍關係處得不好，而完全不知現場狀況的君王凡事都要下指導棋，那麼士兵就會不知該聽將軍的，還是君主的命令。士兵在這無所適從的情況下，勝利就會拱手讓給敵人了。

託付交辦 使喚支配 卸責不管

假使，君王是你，將軍是指你的屬下，這時，因為你信任屬下，所以將工作「**託付交辦**」給屬下去做。所謂「託付交辦」，是指下放權責，授權給對方。屬下自己來決定作業的進行方式，需要裁量什麼事情時，也非得由屬下自行作判斷不可。屬下**透過「自行判斷」的權限，必定會把工作當作己任**，同時也會感覺到工作上的樂趣。

讓屬下分擔去做沒有下放授權的工作，那是「**使喚支配**」他人工作。因屬下只不過是依照指示去工作，對主管而言，感覺上只是給自己增加人手而已。雖然工作效率有所提高，但從整體的提升來看，要更上一層樓可說仍力有未逮。

即便如此，但總比「**卸責不管**」把工作和責任推給別人，強多了。「卸責不管」說穿了就是不願承擔責任。在人事流動率高的職場，常看到明明是自己卸責，丟給別人去負責，卻冠冕堂皇地說：「就算是新人，公司也會委以重任。」看似信任屬下而交辦任務，其實是大錯特錯。

託付工作的高明作法

「自己動手還比較快！」這是對工作熟練到某種程度的人容易掉入的陷阱。如果以「提升」為目標，那麼就必須牢記把工作託付給他人去做的技巧。

「託付交辦」「使喚支配」「卸責不管」的差異

○ 把工作「託付交辦」

把「下判斷」或「作決策」之類的裁量權交給對方。因「思考之後，可以自行下判斷」，所以受託的一方會感覺到工作有趣。由於「責任」理所當然在委託方，所以仔細弄清是否能託付給他人，就顯得非常重要。

△ 把工作「使喚支配」

最初大概都從這裡開始。只是增加自己使喚的人手，但在必須作判斷時，或是對於決策、工作進展方式等重要的部分，還是非得自己來做不可。

✕ 把工作「卸責不管」

最不可取的方法。雖然偶爾也會碰到能幹的人把事情完成，但大多數的情況是，因缺乏資訊，造成混亂的局面。打從一開始起，問題就層出不窮，反而變得沒有效率。

「託付交辦」工作時的重點須知

重點1　評估對方的能力

觀察想託付的對象的能力，交辦「比以往的工作難度稍微偏高」的工作，是最理想的。工作內容接近受托人的興趣或關心的事，也很重要。

重點2　告知前輩的智慧

若知道「可能容易發生失誤的地方」等，就事先告知對方。雖然事先製作指南手冊也不錯，但預先用簡單的便條紙來告知受託的一方，可以防止錯失黃金時間。

重點3　熱心做支援後盾

當受託人尋求建議，或是提問的時候，不要面露厭煩的表情回答對方。時時注意：自己是「容易溝通的前輩」。也不要忘記定期詢問工作進度狀況。

齋藤派
工作上的創新點子

1

工作上使用的工具必須適合自己

將《孫子兵法》上的「天」和「地」替換成「工作環境」（➡P50），那麼**平時所用的道具也可說是環境的一部分**。工作上所有的道具，說穿了就像是武器一般，所以人人都會想用和自己匹配的東西。如果用得好，就能發揮強大的助力，使工作順利完成。不過，**就算道具多麼精良，但如果不能善用，日久反而會蓄積成壓力**。

舉例來說，以現代人隨身必帶的產品「智慧型手機」來看，從電話、郵件、社交通訊軟體等聯絡方式，到行事曆管理等提供查詢的應用程式，由於都能網羅在一支手機中，所以受到商業人士廣泛地善加利用。但是，一旦聯絡斷訊，就窒礙難行，所以，考量到電池的保存，就會覺得以往的聯繫方式比較好。就以做筆記來說，覺得智慧型手機好的人當中，有人覺得電子筆記好，也有人認為手寫好。重要的是，**不要追逐流行，工具的選用終究還是取決於迎合自己日常生活或工作的習性**。

只不過是案頭工作，那麼就不需要攜帶方便的小型筆電。相反地，經常奔波在外，若是帶著有些沈重的電腦，則著實累人。

由於現代工具的選擇性非常多，如果各種東西都不用用看，就無法判斷什麼東西適合自己。如果可以的話，有像試用期這樣的優惠，就太好了。不過，大多數的情況是沒有這種「好康」。

譬如，以原子筆為例來說，出水順暢的、多色的、寫粗字的、寫細字的等各式原子筆都拿來用用看吧！以多色的原子筆來說，只要有三色，就足夠因應工作所需，這麼一來就會發覺到不需要四色以上的原子筆。**像這樣相同用途的工具，如果一併用用看，就能像達爾文所說的「物競天擇」那樣，選出適合自己的東西**。

照片來源：每日新聞社／アフロ

2章

上班族的自我成長

個人篇

The individual

故事稍微往前回遡——
要打敗一課呀……好像不容易耶！
不過，麻生小姐在一課的時候，似乎算是工作積極老練的人
把她交辦的事做好，應該就沒問題吧
商品企畫二課
宮川亮太（23）
剛進公司第二年的新人
咻
將者，智、信、仁、勇、嚴也。
驚嚇
課……課長！
會讀心術嗎？
因為你說出來了

如果只是聽命行事，就無法自我成長哦！
付諸行動時不把自己想成是領導者，是行不通的

孫子兵法

將者，智、信、仁、勇、嚴也。

解釋 為將領者，應具備「足智多謀、對事物有明察秋毫的智慧，賞罰有信、深獲屬下信賴，對屬下體恤關愛、有同理心，勇敢果斷、百折不撓的勇氣，軍紀嚴明」等能力。領導者應具備的素質，時至今日依然不變。

P76 CASE1 做任何事時要把自己看成主管！

領導者……

這本書給你看
裡面記載各種有助於你的資訊喔
兵法
噢
謝謝您

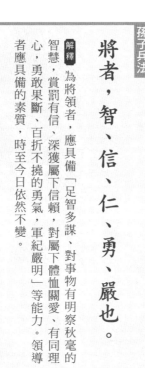

……嚇了我一跳
啊
突然從後面冒出來然後念著像咒語般的東西
哇
咚地冒出像妖怪一樣
我聽到了哦！
對不起！
我從沒想過要當領導者
領導者該做什麼呢……
高津武典，這拜託你了
好的
麻生小姐有事的時候，就會招喚別人
非常有領導者的架勢耶……

啪嗒
麻生小姐
這是會計部做出來的費用結算……
噢，謝謝你
靜
但我不善於計算金錢數字
算是沒辦法把工作做好的人吧？
不管是誰都會有不足的地方
如果有補足這個弱點的人才
組織就會變得更強大

孫子兵法

兵之形，避實而擊虛。

解釋 作戰的法則是避開敵人設防嚴密、實力強大的地方，而攻擊其薄弱之處。反過來說，組織內部能產生補足己方薄弱之處的互補關係，就表示組織得以壯大。

P78 CASE 2 及時補救同事的不足之處吧！

如果想提升自己在夥伴中的地位，那麼就從自己不擅長的地方下手也可以哦

……好
麻生小姐請把計算交給我來做吧！
好 今天就來加班！

幾天後
遲到了
大家早……
糟糕

……
靜
靜
吔？
宮川亮太
你幫忙工作上的事，我很感謝，
但是你最近常遲到喔
對……對不起
吔，只是遲到一點而已……
因為加班，所以想說遲到沒關係
既遲到又加班，兩相抵銷等於零啊
！
盯著看

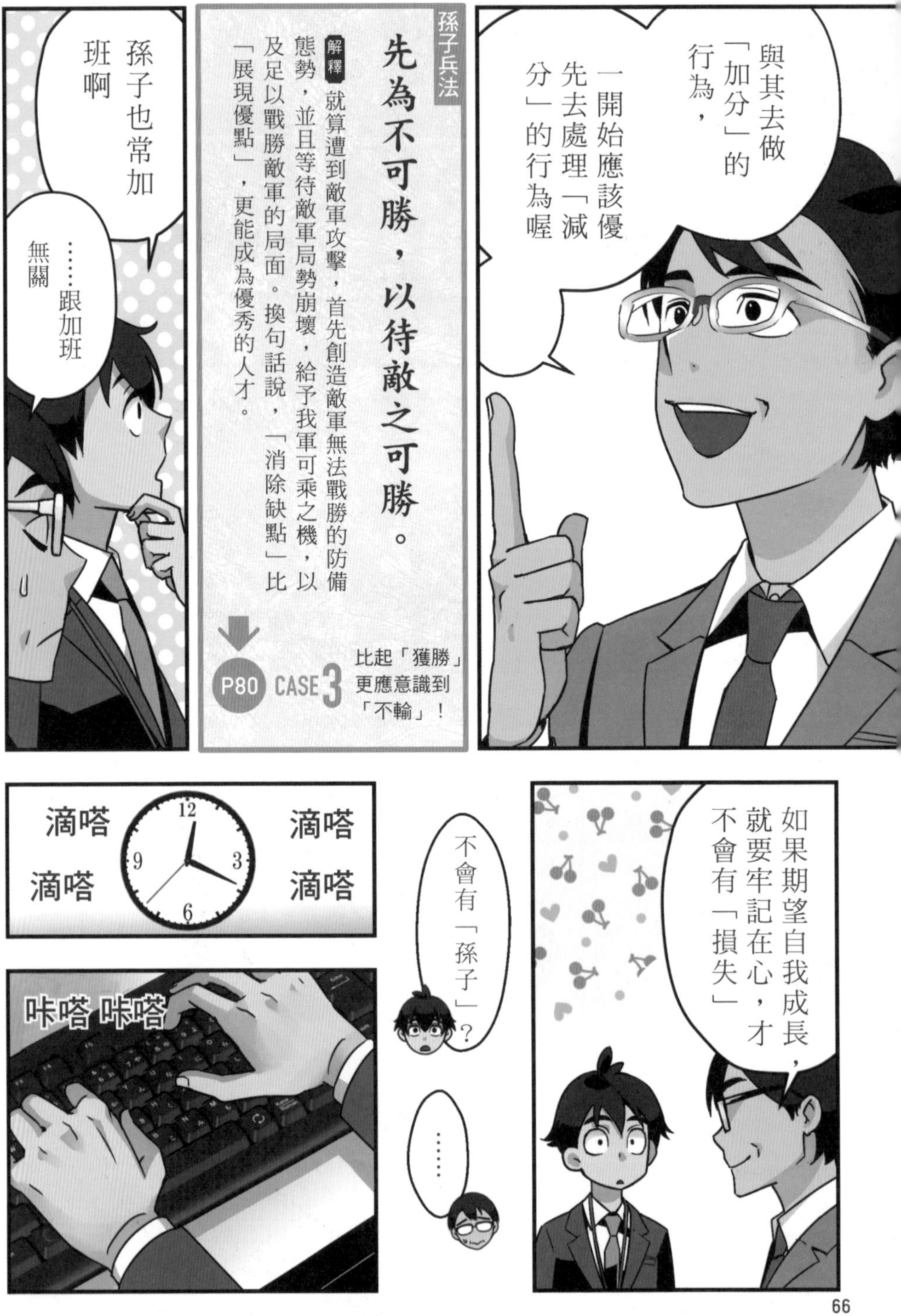
與其去做「加分」的行為，
一開始應該優先去處理「減分」的行為喔
孫子兵法
先為不可勝，以待敵之可勝。
解釋 就算遭到敵軍攻擊，首先創造敵軍無法戰勝的防備態勢，並且等待敵軍局勢崩壞，給予我軍可乘之機，以及足以戰勝敵軍的局面。換句話說，「消除缺點」比「展現優點」，更能成為優秀的人才。
P80 CASE 3
比起「獲勝」更應意識到「不輸」！
孫子也常加班啊
……跟加班無關
如果期望自我成長，就要牢記在心，才不會有「損失」
不會有「孫子」？
……
滴嗒 滴嗒
滴嗒 滴嗒
咔嗒 咔嗒

宮川亮太不吃午餐嗎？
完成了！新功能！
課長請看
我想出來的新功能！
在下次會議中把它發表出來！
抓住
喂，等一下
比起公司認定正確與否
事前是否有溝通過，才是攸關成敗的關鍵哦

以迂為直，以患為利。

解釋（到前線與敵軍爭奪有利的制勝條件中，最困難的地方就在於）以迂迴進軍的方式，實現更快到達預定戰場的目的，並且必須把看似不利的條件變為有利的條件。雖然覺得好好地磋商協議（即迂迴進軍）像是在兜圈子，但有時它會讓說話比直接行動更快達到目的。

P82 CASE 4 事先磋商協議才是最重要的！

私底下磋商協議嗎？
總覺得這樣做不太好……
不是在耍什麼陰謀詭計
而是讓工作進行順利的技巧喔

那邊的午餐很好哦
就是啊
是這樣嗎？
私底下稍微磋商一下！
麻生小姐
應該了解了吧？

課長
私底下磋商協議無效～

讓我看一下

帶有榨汁機功能的濃縮咖啡機
不夠創新嗎？
嗯……

這個、那個都要，太貪心的話
就會成事不足，敗事有餘這是《孫子兵法》上說的

孫子兵法

遠形者，勢均，難以挑戰，戰而不利。

解釋 在「敵我雙方陣地相距遙遠」的地形上，雙方勢均力敵，就不宜去挑戰，勉強求戰，反而不利。縱使想從事新的工作，但也應該先善加活用以往的經驗，並從這些經驗延伸出來的領域著手，向外推進。

P84 CASE 5 從內行向外延伸而非躁進外行事物

那麼……
帶有孫子兵法功能的濃縮咖啡機，如何？
你可能比較需要吧
咦
本多小姐
有什麼需要幫忙的嗎？
如果是簡單的工作，隨時都可以叫我幫忙

嗯
……沒問題嗎
雖然我看起來不可靠，但……
吔？
這麼說來我加班的時候
今天也要加班
拜託！宮川亮太
不是光忙著幫忙別人就好啊
自己的工作要優先去做
驚嚇

可是……

《孫子兵法》上沒有寫到碰到這種狀況時的處理方法耶……
翻
翻
翻
翻

啊
這個

孫子兵法

故善戰者，致人而不致於人。

解釋 善於作戰的人，先發制人，掌握主導權，調動敵人，而自己決不為敵人所調動。決定去做的事情勝券在握，就應該不受周遭人的言語所左右，貫徹執行到底。

P86 CASE 6 可別被別人呼來喚去哦！

本多小姐這個，我來幫你做

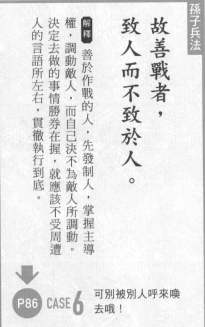

孫子兵法

君命有所不受。

解釋　君主的命令中，某些命令也可以不遵從。就算對方是上司，有錯也應該指摘出來；會指出上司錯誤的屬下，可說是不可多得的好人才。

P88 CASE 7

糾正上司錯誤的判斷才是正確作法！

雖然應該專心做自己的事，但……
分配給本多小姐的工作量
可否請您再確認一次？
我知道了
會再確認啦！
咦？
這裡本來應該是分配給高津武典的啊……

呼
應該由本多小姐跟我說才對啊……
這樣看來是我的錯
會不會是我給人難以溝通的感覺？
孫子兵法
應該向他們兩位道歉……
我也該再稍微用功點讀一讀它

個人篇 1

做任何事時要把自己看成主管！

原文

將者，智、信、仁、勇、嚴也。〈始計篇〉

社會人士應該具備的五種素養

從前的日本社會，如果能老老實實地做完交辦的事情，就可以在職場上立足。整個社會不讓個人嶄露頭角，取而代之的是保持整體和諧，以任何人都跟得上為好，形成安定的社會。

然而，終身雇用制、年功序列制逐漸式微的現在，個人的能力逐漸受到重視，也可見到一種趨勢，那就是用人生「勝利組」、「魯蛇組」來評價會賺錢的人和不會賺錢的人。而《孫子兵法》提供給大家在這樣的時代中活下來的祕訣。

《孫子兵法》上說，將軍必須具備下列五種重要的素養：**「智」，即分析狀況和洞察先機的智慧；「信」，即獲得部下的信任；「仁」，即對部下的關愛；「勇」，即面對困難的勇氣；「嚴」，即紀律嚴明。**

由此可知，這種素養不僅僅針對領導者而言，若將「部下」換成是「同事」，那麼出社會工作的每一個人都應該具備這分素養。

把自己當作「將軍」來培訓

那麼，自己要想成為這裡所說的「將軍」，該如何做才好呢？很多公司都要求員工，能擔負某種程度的工作，而且能分擔責任。**會不斷求進步、能獨當一面且承擔風險、積極介入並參與周遭事物**，這樣的人，對組織來說，才是有用的人才，這點錯不了。雖然有的公司非常嚴苛，失敗一次就讓人不能晉升，因而讓人極度討厭承擔責任，但如果是健全的公司，就算新進員工因嘗試挑戰而失敗，公司也有能力接受這種事的發生。

對社會機制和社會情勢具有敏銳的警覺（即智）、不違反公司的規定（即嚴）、挑戰困難的工作而不畏縮（即勇），不沾沾自喜扯同事後腿（即仁）。如果這些都能銘記在心，就會**受到同事和公司的信任（即信）**，那麼就能成為獨當一面的「將軍」。

具備智、信、仁、勇、嚴

即便不是領導人，但只要是身為將領都必須具備的五個要件，也是立志要成為優秀的人才者缺一不可的條件。這五個要件具體內容為何，請見以下說明。

「將領」必須具備的 5 個要件

	必要能力	該有的作為
智	• 擅長資料分析的能力。 • 有未卜先知的能力。 • 不被甜言蜜語所欺矇。	• 蒐集業界資訊從不懈怠。 • 從不忘記要累積經驗。 • 不斷思考自己下一步要做什麼。
信	• 具備誠實誠信。 • 具備無法撼動的信念。 • 受人信賴。	• 不説謊。 • 不因對象而改變態度。 • 不會中途對工作卸責。
仁	• 眼裡有夥伴。 • 會關懷他人。 • 能寬恕犯錯的人。	• 為他人付諸行動。 • 表達慰勞之意。 • 不批判別人的失誤。
勇	• 能面對困難。 • 豁達果決。 • 能屈能伸。	• 不逃避困難的案件。 • 不害怕失敗。 • 迅速作決斷。
嚴	• 嚴格遵守規則。 • 為人公平公正。 • 有責任感。	• 明確訂定規則。 • 不隱瞞自己的過錯。 • 不把過錯強行推到別人身上。

「仁」「嚴」平衡非常重要！

體恤和嚴格是一體兩面。注意不可有偏頗。

一味地對人仁慈時……

• 相好合謀，喪失戒慎恐懼感。
• 易被人看輕瞧不起。

受規則束縛一味地嚴苛時……

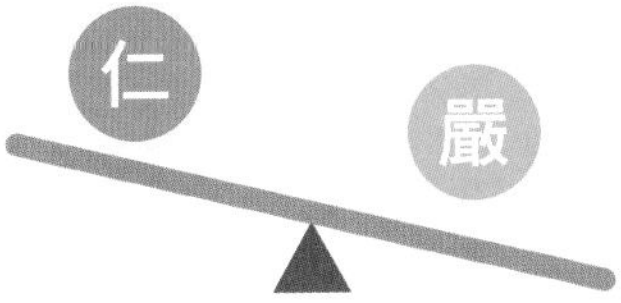

• 沒有人願意追隨。
• 總有一天遭到背叛。

個人篇 2

及時補救同事的不足之處吧！

原文

兵之形，避實而擊虛。〈虛實篇〉

誰都還沒想到的事情你也不易想到

要在商場上獲得成功，那麼開發別家公司觸角都還沒伸到的藍海市場，可說是如命題般的重要。不是有很多公司都會標榜自家商品「和別家公司的差異化」、「獨創性」嗎？

《孫子兵法》上說，**要如流水般靈活地攻擊敵人料想不到我方會攻打的地方，也就是敵人守備薄弱之處**（也就是「虛」），而不是光明正大地布陣、攻擊敵人眾多的地方（也就是「實」）。

在商場上，要發現這裡所說的「虛」，是非常困難的事。「如果能輕易想出劃時代的東西，就不會那麼辛苦了！」這麼想的人肯定不在少數吧。雖然覺得「這東西很創新」，但稍微調查一下發現已經有別人做了，抑或是，就算想出非常創新的東西，但由於不知道將資源投入這東西上是否划算，所以要踏出這一步需要很大的勇氣。要成功，**就必須打從平常起，抱持旺盛的好奇心去蒐集各種資訊，一旦有能吸睛的新事物，就要下功夫去深入調查搜尋等。**

如果在公司內要發現「虛」並非難事

在商場上，要進攻「虛」可說是非常困難，但在**公司內要進攻成員的「虛」**，就沒有那麼困難。如果稍加留意、觀察的話，就會發現到周遭同事的各別特性，例如「不善於文書工作的人」、「不善於記數字的人」、「不習慣用電腦的人」等。**如果對這些不拿手的領域，能及時順勢補救，也是不錯的。**

舉例來說，假設和主管一起到客戶那裡談生意。當對方問起成本費用率時，主管因沒有事先記住數字，以至於回答不出來。這個時候，如果你能立即回答「是百分之○○」，而不是回答「回去之後，再與你聯絡」，那麼對主管和客戶來說，這會是一次難忘的經歷吧。就算沒辦法絞盡腦汁想出特別創新的東西，但透過這樣的應對，也會得到他人的稱讚說：「這傢伙真厲害！」因此自己也能在公司內占有一席之地。

工作上實踐！

及時補救夥伴的「虛」

如果是一起共事的夥伴，仔細觀察就可以發現對方的「虛」，
也就是不拿手的地方。用自己的方式來協助對方吧！

觀察上司和同事，知道他們不拿手之處

不熟悉電腦？
不善於文書工作？
不知如何和年輕人交談？
對確切數字不在乎？

補足對方不拿手的領域，評價就提高！

針對不善於文書工作的人……

案例 **製作「文書的範本」讓大家共有！**

備好能輕易製作的定型化文件等。事先製作好簡單的指南手冊，以便知道什麼地方如何弄才好。這麼做，也可以補救吧。

針對不習慣用電腦的人……

案例 **購買電腦問題的解決方案！**

積極幫助年紀大的上司或不善於機器操作的女性員工解決電腦問題吧！例如，提供能把郵件亂碼、當機的機器重新啟動等各式各樣的解決方案。

針對和年輕人說不上話的年長主管……

案例 **從中挑起話題！**

試著加入年輕員工族群裡，挑起彼此共同的話題看看吧！雖然上了年紀，但也未必對流行事物的話題不感興趣。

針對容易忘記確切數字的人……

案例 **讓自己能即刻回答成本費用率和單價！**

重要的數字事先寫在便條紙上，或黏貼在只有自己看得到的地方，以便在客戶那裡談到有關金額等數字的話題時，能馬上答得出來。

成本費用
率是……

個人篇

3 比起「獲勝」更應意識到「不輸」！

原文

先為不可勝，以待敵之可勝。〈軍形篇〉

比起「獲勝」的戰法更應該牢記「不輸」的戰法

「攻擊是最大的防禦」，據說這句話源自於拉丁語的諺語。不過，《孫子兵法》上說，**比起攻擊取勝，首先使自己不輸，才是最重要的**；創造自己不被敵人戰勝的局面，其主動權操之在己；也就是說，當敵人看似強大時，並非無防備地與其對打，而是在**不消耗我方實力的情況下，嚴防固守，即使敵我兩方僵持不下、不分勝負，也最好不要被打敗**。待敵人顯現疲於攻擊的可乘之機，一舉反擊，這才是善於作戰的人。

如果把這種兵法套用在商場上來看的話，「能力雖然優秀，但很可惜，因不夠謹慎小心而陷入困境的」，也大有人在。例如，「工作很早就開始著手，卻經常延遲」的人、「承接不少工作，卻存不到錢」的人等。**由於不會守好基本規則或態度，**以至於有時出現信譽不良。

從成本效益來看消除短處遠比施展長處還要高

熱中展現自己拿手的一面，而疏忽修正自己的短處，是年輕人容易掉入的陷阱。舉例來說，假設你的英語能力很強，但卻是一個不守時的人。你和主管約好一起去外商客戶那裡。主管希望在赴客戶的約之前，先在咖啡廳和你碰頭，但你是不到最後一刻絕不出現的人。這樣一來，你留給主管的印象不就是「在關鍵時刻不出現的傢伙」嗎？雖然你只遲到了十分鐘或十五分鐘，但結果可說是對你帶來莫大損害吧。

修正短處決非難事。從成本效益來看，早點從公司出發前往赴約地點，總比精進英語能力來得高，對吧？像這樣**提升基本素質，才能夠贏得主管或同事的信賴**。這就是所謂的「嚴防固守」。

攻擊並非最大的防禦！

自我評價和他人評價是不一樣的東西。和施展長處（＝攻擊）比起來，消除缺點（＝防禦）才是評價提升的捷徑。

自我的評價
英語是自己的拿手！
和國外往來的生意上有所貢獻。
雖然遲到一點時間，
但能得到寬恕吧！
長處
英文拿手，和國外客戶生意往來上，比其他員工更得心應手。
短處
不守時。有時和客戶相約碰面也會遲到。
他人的評價
經常遲到，工作散漫！
雖然英文很厲害，但缺乏社會人士應有的工作態度！

➡ 他人的評價容易往短處（＝遲到）去看，因此長處（＝英語能力）就變成得不到公平的評價。

有人指教才是好事

踏入社會後，就不會時時刻刻被人提醒注意。雖然覺得這樣很省事，但在某種意義上來說也是一種殘酷。會指出你缺點的人，才是重要的貴人。

自己是身為上司或前輩的立場時，希望對方不要遲到而給予指責，是良善的作法。如果是團隊中的一員，則應該無所顧忌地說出來。

一旦遲到，那麼
好不容易具備的英語能力
也會因此斷送！

個人篇

4 事先磋商協議才是最重要的！

原文

軍爭之難者，以迂為直，以患為利。〈軍爭篇〉

把不經意發生的意外轉化為有利局勢

《孫子兵法》上教導後人各式各樣的狀況和局勢，例如：在作戰上，重要的是，要比對手先布陣好跟戰場有關的態勢。但遇到意外狀況時，好比說道路崩毀，就不得不繞遠路而行，因而導致無法比對手更早到達目的地。這時，如果選擇「一味地急忙趕著挺進」，那就是失格的將軍。因為匆忙躁進，士兵會精疲力盡，一旦開戰，就會全軍覆沒。因此，這個時候，必須將不利的局面反向操作，就地在前頭埋伏，嚴陣以待，迫使敵人更進一步行軍，才是明智之舉，而不是傻呼呼地馬不停蹄直奔到目的地。**把非得繞遠路而行的狀況，轉變為走向致勝模式的最短距離**。

應用在現代商業上，把繞遠路（也就是「迂」）轉變為走向勝利的捷徑（也就是「直」），其中的一個作法就是「事先磋商協議」。

「事先磋商協議」是商業模式的必要技術

一聽到「事先磋商協議」，人們對它總是存有「為了陷害他人，而在背地裡事先串通好」的負面印象，或是印象中覺得它是「在會議這類的場合上，上演戲劇性大逆轉的手法」，對吧？果真如此，那麼從現在起糾正對它的不好印象吧！**「事先磋商協議」是商業模式上不可或缺的技術**。

在會議上，提出新提案時，不管它是多麼劃時代的產物，但對於突然聽到此物的人來，是一頭霧水。也就是說，在眾人出席的會議上，把大家完全沒聽過的事物突然搬上檯面，成為議題。這時，不得不讓大家開始發表意見、進行討論，會議也會因此拉長時間。如果施行「事先磋商協議」，告知有關議題的訊息，那麼出席者在會議進行之前會有時間充分思考，也就能節省開會時間。總之，**「事先磋商協議」可說是，節省自己說明的時間，對出席會議者的一種「貼心」作法**。它的好處在於透過「事先磋商協議」，能提早得到新的點子，或是能聽到反對意見。

如何成為事先磋商協議的高手？

如果不善於事前磋商協議，那麼不管提案多麼正確，都會被推遲延後施行。
為了避免這種狀況發生，就請牢記正確的事先磋商協議的作法吧！

1 捨棄負面的觀感

你是否對「事先磋商協議」抱持的印象是「背地裡串通好陷害某人」？這是連續劇或電影看太多了。

在會議進行的現場，議題不會從零開始討論起，而是事前就先讓與會者看到提案內容，並且能一起共享。把這樣的作法想成是「給大家時間去思考問題的疑點」，是一種「貼心」的行為吧。

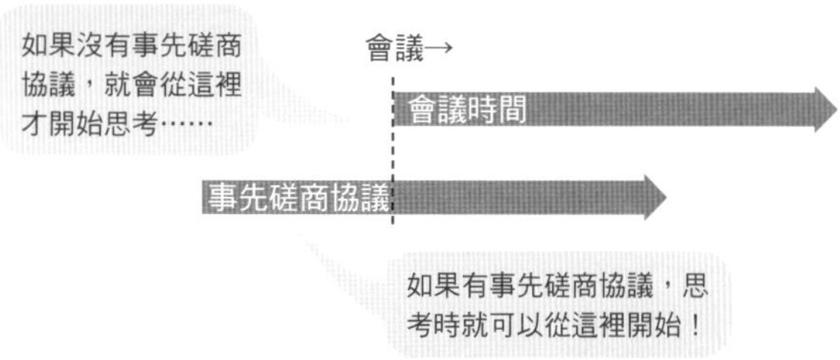
如果沒有事先磋商協議，就會從這裡才開始思考……
會議→
會議時間
事先磋商協議
如果有事先磋商協議，思考時就可以從這裡開始！

2 發現重要關鍵人物

所謂的重要關鍵人物，是指對部長、常務等這些居於上位的決策者具有影響力的人。那麼就好好觀察公司內部的眾生百態吧！

對預算方面具有影響力的人

和會計部建立良好的關係等。不要和錢過不去。

在會議席上，意見經常受到贊同的人

被評為深謀遠慮、單純人品高尚，或是發言受人矚目的人。

企畫或提案經常過關的人

企画書

不消說，一定是熟知如何讓企畫順利過關的人物。聽聽這人的意見，有益無害。

3 想想事前磋商協議的順序

把事先磋商協議的對象順序弄錯，有時就會造成怎麼做都進展不順或得到的盡是負面評價。

① 直屬上司
會打聽出提案的通過與否，也會打探出似乎會因提案而遭受不利之人（即反對派）。

▶

② 贊成派
是指對你的提案會表示贊同的人。讓這樣的人幫助你提案更加精益求精吧！

▶

③ 反對派
用「商量」的方式打探這些人的看法吧！透過商量先取得共識，他們就會覺得自己的意見被採納了。

▶

④ 決策者
在說明提案內容的同時，也試著提及「得到某人和某某人的同意」吧！

從內行向外延伸而非躁進外行事物

原文

遠形者，勢均，難以挑戰，戰而不利。〈地形篇〉

對擴大工作領域來說就地延伸的攻法成效較高

《孫子兵法》上說，敵我雙方勢均力敵，遠距離對峙時，要攻打嚴陣以待的敵軍是有困難的，若勉強求戰，完全對我方不利。

把「遠距的敵人」替換成「和現在的工作全然不同的領域」看看吧。舉例來說，你在車廂廣告或雜誌上看到一篇以「今後的生意在中國！」為題的文章。你或許會受到成功者的經驗談所感召，而考慮：「來學中文吧！」然而，從事業務的你，既有的客戶都在日本境內，在這狀況下，中文對你的工作能立即見效嗎？再者，**即使打算用死記方式學習自己外行的東西，但這項東西要達到變成自己的一技之長，是非常困難的**；終究會半途而廢，白費力氣也說不定。

打算去學習新事物，是件極好的事，但不要忘記：上班族有時間和業績壓力。與其吃力不討好地去學習自己極為外行的領域，還不如**從現今的工作經驗和既有知識的範疇下手，「就地延伸」，一點一滴地去擴展自己的領域，這樣才比較有成效。**

若考慮轉換跑道從既有的經驗就地延伸便無難事

有人在相同的業界已經打滾好幾年，卻想轉換到完全不同領域的跑道。縱身躍進不同的世界，表示將會捨棄以往的經驗和知識，再重新從零開始累積工作生涯。轉換跑道，**若必須捨棄為獲取經驗和知識所花掉的時間**，那麼就有必要好好想想：**轉換跑道是否有意義？**

欠缺這種成本意識的情況下，做出轉換跑道的舉動，或許事後會後悔地說：「實在沒必要那麼做……」

即便是選擇轉職跑道，但**如果朝向能活用既有經驗的職業去走，就能毫不浪費時間地謀求自己職業生涯的提升吧。**

探索從現在「就地延伸」的工作

社會人士的時間是有限的。好好思考「接下來要學什麼才能讓自己更上層樓」，然後逐步著手去做吧！

從接近自己內行之處學起吧

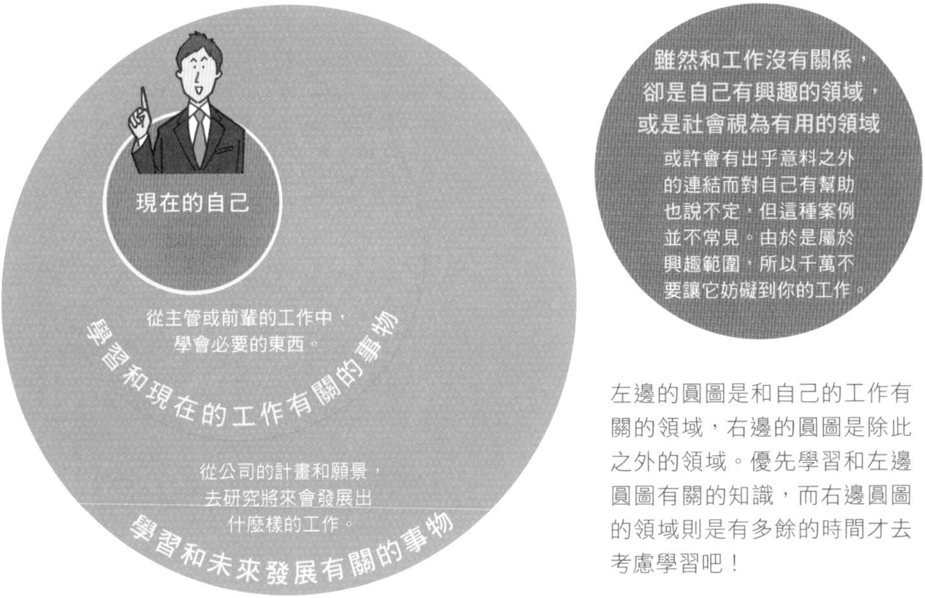

現在的自己
從主管或前輩的工作中，學會必要的東西。
學習和現在的工作有關的事物
從公司的計畫和願景，去研究將來會發展出什麼樣的工作。
學習和未來發展有關的事物
雖然和工作沒有關係，卻是自己有興趣的領域，或是社會視為有用的領域
或許會有出乎意料之外的連結而對自己有幫助也說不定，但這種案例並不常見。由於是屬於興趣範圍，所以千萬不要讓它妨礙到你的工作。

左邊的圓圖是和自己的工作有關的領域，右邊的圓圖是除此之外的領域。優先學習和左邊圓圖有關的知識，而右邊圓圖的領域則是有多餘的時間才去考慮學習吧！

去找成為自己未來典範的人吧

雖然想走向更上層樓，但要想像十年後、二十年後自己的模樣，是一件不容易的事。那麼就觀察身邊的人作為參考吧！

〔如何找到值得學習的榜樣〕

❶ 想一想：**對自己來說的幸福人生**是什麼？

▼

❷ 找到正過著**自己所想像的「幸福人生」**的人。

▼

❸ 觀察這個人，並**發現和現在的自己有所不同的地方，若自己有不足之處，則採取行動補足。**

可別被別人呼來喚去哦！

原文

故善戰者，致人而不致於人。〈虛實篇〉

掌握主導權而不被對方牽著鼻子走

所謂「致人」，是指自己能隨心所欲地操弄別人於股掌中。所謂「不致於人」，是指自己被他人隨心所欲地操弄於股掌中。**如果不被他人左右，而能照自己的想法操弄對方於股掌中，那麼就能勝券在握**。《孫子兵法》上闡述了掌握主導權的重要。

在商業領域中，**一旦主導權落入他人手裡，就會變成對方的方便優先於自己的方便，而且被他人的方便所左右**。

舉例來說，「被主管叫住時，手邊正在趕的工作就只好擱置一旁」、「客戶來電，就被要求趕緊去應對」等狀況，不管是誰都曾有過這些經驗吧。

像這樣突如其來、出其不意的工作，如果打算被動地遵照指示的順序去做完的話，自己本來擔負的工作就變得無法按進度表去進行，以至於總是被工作追著跑而老是做不完。

先下手為強避開突如其來被人呼來喚去的工作

為了掌握主導權而不被工作追著跑，那麼「**先下手為強**」就變得非常重要。

為了不被主管叫去做突如其來的事，透過「事先報告既有的工作進度，告知沒有餘力去做其他的事」，或是「事先排好共同享有的時程表」，可以讓主管有某種程度的猶豫難決。

儘管如此，有時也會被強迫去做呼之則來、揮之則去的工作。這個時候，就試著先去告知對方在既定的時程表上有空閒的時候，好比說：「如果是某天之前，就可以。」如此一來，或許主管會表示同意地說：「這樣，可以哦！」當被要求「再早一點完成」的時候，就試著問看看「在何時之前做完就沒問題？」或「現在既有的工作是否應該 出去給其他人去做？」因為這麼一來，主管就難以再進一步強人所難了。

不過，雖說想要掌握一些主導權，但**一味地把自己的主張強加在別人身上，反而招致反感**。如果不是非常過分的話，就先認同對方的話吧。

探索從現在「就地延伸」的工作

社會人士的時間是有限的。好好思考「接下來要學什麼才能讓自己更上層樓」，然後逐步著手去做吧！

須知1 與其在意「別人的眼光」還不如關注「自己想要怎樣」

在意別人的眼光就是自己沒有自信的表現。無關乎社會上的規則，只是在自己的心中定出諸如「可以允許到此」、「從這開始不能原諒」等「自己想怎麼做」的規則吧！

須知2 要有所覺悟「有時不管說什麼都會被打槍」

就算遭到有人提出反對意見，或是受到批評，都不要以為自己的人格也受到攻擊。在這世上，不會凡事都受到所有人的贊同，所以心想著「必定有被打槍的時候」，並時時保持工作熱忱吧！

須知3 切莫逞強自不量力

不知道的就說「不知道」；不會的就說「不會」。不知道還假裝知道，等東窗事發後就丟臉了；掛保證說「一定做到」，結果做不到，信用也隨之蕩然無存。最終導致：失去自我。

須知4 知道別人不會老是盯著你看

你不是偶像，也不是名人。沒有人有閒工夫一直追蹤監視著你；縱然你做了什麼丟臉的失敗事，也沒有人會一直念念不忘。所以，請不要太在意別人的眼光喔！

個人篇

7 糾正上司錯誤的判斷才是正確作法！

原文

途有所不由，軍有所不擊，城有所不攻，地有所不爭，君命有所不受。〈九變篇〉

違抗錯誤的命令也是必要的

《孫子兵法》上寫道：有的道路不要走，有些敵軍不要攻，有些城池不要占，有些地域不要爭，君主的某些命令也可以不接受。關於「君主的某些命令也可以不接受」這點，在〈地形篇〉中也寫道：根據戰場實情判斷有必勝把握時，即使國君下令不打，將軍也可以根據自己的判斷堅持打；相反地，根據戰場實情判斷沒有勝算時，即使國君下令打，將軍也可以不打。

完全遵照命令行事，是很輕鬆的事。也就是說，如果是上司下達的命令，縱使判斷錯誤，身為下屬的你既不用擔負責任，也不會引起不必要的麻煩。但是，這麼一來，你就沒有存在的價值。就算是上司下達的命令，但如果這道命令是錯誤的，為了公司的利益，也非得唱反調不可。

最能掌握現場狀況的人所做的決定多半是對的

不管上司有多優秀，也未必完全能掌握現場所有的狀況和訊息。說得更貼切點，就是也有可能連不合時宜的訊息都接收不到。換句話說，上司的指示或許是根據錯誤的訊息而下達出來的也說不定。

舉例來說，從現場的實際體驗和過去的業績來看，商品的銷售額已經沒有多大的成長空間，但上司卻下令「繼續賣下去」。在這情況下，**對現場狀況最有感且擁有現場第一手訊息的屬下必須判斷是否要遵從上司的指令。**看是要無視指令存在，或是成為只是抱怨「該指令強人所難」而不服從命令的懦弱員工。

總之，**不以**「嫌麻煩」、「不利自己」等所謂**個人的盤算為前提，而是「以公司或組織的利益為優先」**作為前提，提出好比數據等客觀資料，試圖說服對方，這才是正確的作法。

若從上司的立場來看，**應該積極地尋求屬下的不同意見。**千萬不可因屬下不服從命令，就情緒化地暴怒。

忤逆上司的高明作法

「主管把黑的說成白的」是上班族備感心酸之處。對錯誤的事不能說「錯」，對不合理的事不能表達「不合理」，這樣的公司稱不上是健全的公司。

當上司提出不合理的要求時

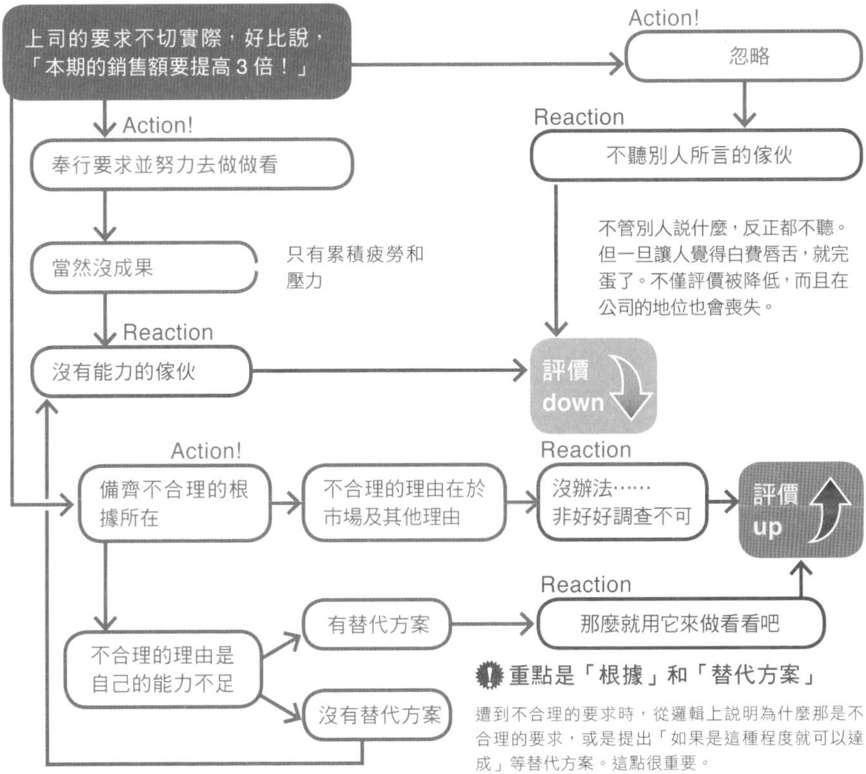
上司的要求不切實際，好比說，「本期的銷售額要提高3倍！」
Action!
忽略
Reaction
不聽別人所言的傢伙
不管別人說什麼，反正都不聽。但一旦讓人覺得白費唇舌，就完蛋了。不僅評價被降低，而且在公司的地位也會喪失。
Action!
奉行要求並努力去做做看
當然沒成果
只有累積疲勞和壓力
Reaction
沒有能力的傢伙
評價 down
Action!
備齊不合理的根據所在
不合理的理由在於市場及其他理由
Reaction
沒辦法……非好好調查不可
評價 up
不合理的理由是自己的能力不足
有替代方案
Reaction
那麼就用它來做看看吧
沒有替代方案

重點是「根據」和「替代方案」

遭到不合理的要求時，從邏輯上說明為什麼那是不合理的要求，或是提出「如果是這種程度就可以達成」等替代方案。這點很重要。

具體的應對案例

對上司的言論覺得「那不是和我想的有點不同嗎？」

- ✕ 直接指摘：「那很奇怪！」
  毫不留情的否定，儘管那是正確的論點，也難以令人採納。有時還會因此而遭人疏遠和遭到冷眼相待。
- △ 提出反駁，只會讓上司生氣。什麼都不說，保持沈默。
  如果只是說錯話，可以不去管它，但可能對工作有所妨礙時，置之不管，傷口就會擴大。
- ○ 一旦接受，就陳述意見，表達：「不好意思，我是這麼想的。」
  在說話不傷人的情況下，表達自己的想法，是正確的。不過，即便如此，在上司沒有曲解意見的情況下，就老老實實地遵從吧。

齋藤派

工作上的創新點子

2

維護人際關係的「風林火山」

知名的「風林火山」是武田信玄的軍旗旗印，它的原創來自於《孫子兵法》。（➡ P26）雖然其教義是說明「在戰場上要機動性驅使，臨機應變作戰」，但它也不僅僅適用於戰場上，就連商場上也非常有效用。

舉例來說，發生了什麼疑難問題，給客戶造成麻煩時，如果能**如「風」般迅速地**帶著禮盒去謝罪，或許給人的印象就能變好。公司內部一旦發生好比派系鬥爭之類的事，如果能**如「林」般靜觀其變**，或許是明智之舉。若想要企畫案能過關，就要毫不吝嗇地提供素材，**如「火」般如火如荼一氣呵成地**說服上司，這樣才會擦出較大的火花。若有不可讓步的地方，還是**如「山」般不易撼動**，死守著比較好吧。

附帶一提，除了上述的「風林火山」之外，《孫子兵法》上，後續還接著寫道：「難知如陰，動如雷震……」，而這是武田信玄沒有採用的部分。這部分是說明，如滿天烏雲般，遮蔽了實際狀態，如閃電打雷般，迅雷不急掩耳地突然劈下來。如果將其替換成現代的工作來看，便會了解到：縱使面對討厭的工作，也不表露在臉上，且一個勁地努力不懈，這樣的人值得信賴；如雷電一般，能明快果敢、獨自當機立斷的人，是優秀的人才。

工作免不了會有衝突。因此，**衝突和人際關係惡化常是連成一體的**。在工作上引起衝突是沒辦法的事，但為了不讓衝突持續下去，彼此就變得疏遠。不過，正因為關係疏遠，所以衝突才會發生。因為不想直接對話，所以打算只靠信件了事，這可說是非明智之舉。打算靠打字來代替對話，有時會變得表面虛情假意，私底下卻是嗤之以鼻的態度，又或是我方的誠意沒有正確地傳達出去，有時會使關係變得更加惡化。像這樣，工作上總是運用「風林火山」的思維，靈活且隨機應變地對應才好。

3章 指導者篇

The team leader

領導者的自我成長

商品企畫二課
幫我去問新來的櫃檯小姐是否有男朋友啦！
二課
請自己去問啦！
她好像對我有戒心耶～
我不知道啦！自食其果吧
唉………
抱住
宮～川～亮～太
別這樣！
嘻
還是叫他們住手比較好吧？
就算只是身體接觸
這樣的瞎鬧應該還好吧？

再說，斥責的時候可是有根據對方個性的責備方法哦
首先就從大力讚揚開始，如何？

孫子兵法

卒未親附而罰之，則不服。

解釋 士兵們還沒有一心向著及親近依附將領之際，就對他們施以懲罰，那麼他們對將領的命令不會心悅誠服。沒有充分溝通的狀態下就斥責屬下，有時會變成反效果，好比說「屬下不給你乖乖聽話」等。

P108 CASE 1 雖表現差但先行讚美他的長處！

稱讚高津武典……？
搭訕的高津
搭訕的高津
搭訕的高津
汪汪
搭訕的高津

連狗也……！
誰都不放過！
我也像那樣和大家友好往來比較好，是嗎？
唉……
姑且不論那樣的互動……
建議你先跟大家「閒聊」

孫子兵法

令之以文，齊之以武，是謂必取。

解釋 要兵士們上下一條心，就要用懷柔寬仁使他們思想一致，又要用軍紀軍法整治，使他們行動一致。這樣一來，必能取得軍隊的團結和部下的敬畏及擁戴。該管教的時候，當然要管教，但跟屬下完全不親密，也難以稱得上是「優質上司」吧。

P110 CASE 2 激發閒聊能力和提問能力的要點

雖然遵守紀律的言行舉止很重要，
但領導者須具備不被屬下疏遠、不被討厭的提問技巧喔
你是哪裡人？
第2次
難道是健忘症？
沒有男朋友嗎？
性騷擾！

嗯~嗯
閒聊啊……
和屬下交談，該說什麼好呢……
請回想一下偏好圖的研習
這樣說來，我那時是研習的主持人，卻不怎麼說話耶
高津武典過來一下！
你沒有女朋友嗎？
嚇
啊，這也太突如其來了吧！
閒聊 閒聊
有個部門似乎可以提供麻生小姐作參考喔
設計部
就是這裡

通心粉！
甲公司的資料做得怎樣了？
啊 老大
在球鞋那裡！
老大!?
喂，球鞋
知道了！這個

嗨，齊老弟
讓你久等了
這是你要的資料
話說回來，你叫什麼名字？
呵
我叫麻生千夏
嘻
原來是小夏
小夏？
是新企畫要用的吧
麻煩你了
是
好的
齊老弟是……
我一到這裡，就被這麼叫喔

不過，不會有厭惡感耶
就像一家人

我們的部門也來做做看吧

商品企畫二課
喀噠
喀噠

孫子兵法

視卒如嬰兒，故可以與之赴深溪。

解釋 平時將軍對待屬下就如同對待自己疼愛的嬰兒一般，那麼碰到緊急危難時，即便是深溪險境，士兵也會與他一同前往。

P112 CASE 3 用「綽號戰術」縮短彼此距離吧！

小
小摩季
呆住
一起吃午餐好嗎？
驚嚇
！！？
突然這樣叫，會不會太做作了？
很快就會習慣了喔
呵呵呵呵
好，好的
很高興
謝謝
叩叩
喀噠
千夏小姐

老大說，剛才給你的資料先暫緩使用
發生什麼事了嗎？
乙公司好像出了新產品
這個……
這和我們現在企畫的東西一模一樣啊
糟糕了嗎？
豈止「糟糕了」
該如何是好
現在要重新從零開始……

大家的衝勁不是會消失殆盡……
盯看盯看
毫無隱瞞地說出來
人被逼得走投無路時才會成長
大家沒那麼脆弱喔

呼
各位過來一下

孫子兵法

善用兵者，攜手若使一人，不得已也。

解釋 善於用兵的人，能使全軍上下攜手團結，宛如一個人服從指揮一般，這是因為部隊處於不得不如此的局面中。也就是說，優秀的領導者藉由陷入困境，能好好地統領團隊。

P114 CASE 4

「絕佳險境」正是成員共患難的祕訣！

因為……這樣，所以既然已被捷足先登發表
如果我們一成不變的話，企畫很有可能不會過關
打價格戰嗎？
還是重新想別的功能
被抄襲？
咕唧咕唧
情報被洩漏？
麻生小姐
雖然我想這次可能來不及，但……
咚
新企畫
附帶清洗功能
濃縮咖啡機

……就朝這方面去走吧

小摩季和津年武重新檢討材料和降低成本
是！
亮太和武典負責從新功能方面著手
是！
沒時間了！就拜託大家了！

孫子兵法

謹養而勿勞，並氣積力；運兵計謀，為不可測。投之無所往，死且不北。

解釋 要留意休整部隊，不要讓士兵過於疲勞，保持士氣，養精蓄銳。部署兵力，運用計謀，使敵人無法判斷我軍的意圖。將部隊置於走投無路的絕境，士兵們就會寧死不退。也就是說，被逼到不得不為的狀況時，即使嚷著「我做不到」的屬下，也會出乎意料地做到。

P116 CASE 5 要成長就必須「置之死地而後生」！

相信團隊吧
搞得大家人仰馬翻地不斷加班……
精疲力盡
身體不會弄壞嗎
只是一味地仁慈，稱不上是好的領導者喔

孫子兵法

將有五危，必死可殺，必生可虜，忿速可侮，廉潔可辱，愛民可煩。

解釋 將領有五種致命的弱點：①只會逞匹夫之勇、不顧死活硬拼，可能會招致殺身之禍；②臨陣畏縮、貪生怕死，可能會被俘虜；③性情急躁易怒，容易受人激怒而失去理智；④過分潔身自好和重視自己名聲，容易遭人侮辱而中入圈套；⑤婦人之仁而過分保護子民的人，可能會不堪敵軍擾民，而無法採取相應的對敵行動，以致總被敵軍所牽制。

P118 CASE 6
主管容易犯的「五種危險」

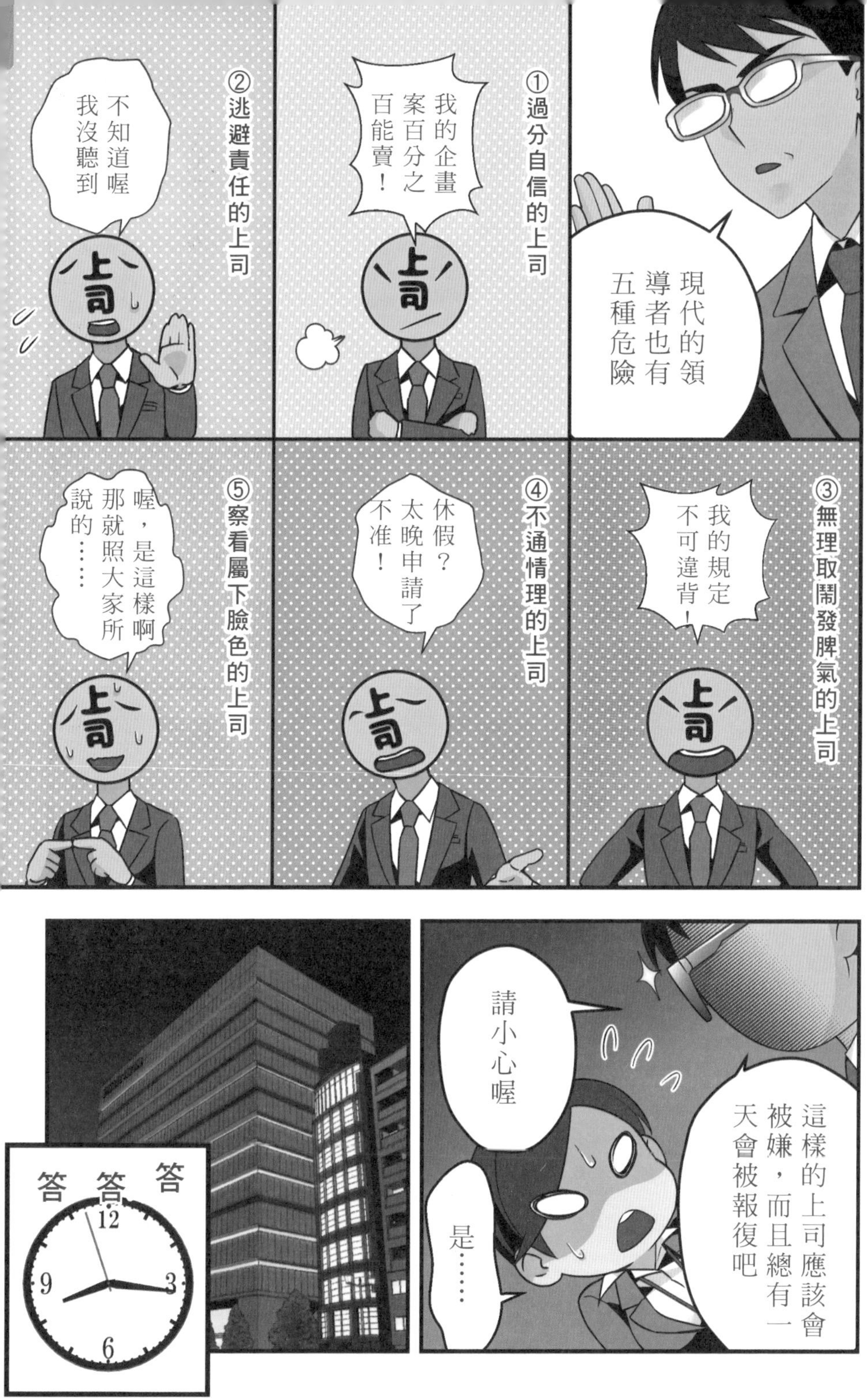
現代的領導者也有五種危險
①過分自信的上司
我的企畫案百分之百能賣！
上司
②逃避責任的上司
不知道喔 我沒聽到
上司
③無理取鬧發脾氣的上司
我的規定不可違背！
上司
④不通情理的上司
休假？太晚申請了不准！
上司
⑤察看屬下臉色的上司
喔，是這樣啊 那就照大家所說的……
上司
這樣的上司應該會被嫌，而且總有一天會被報復吧
請小心喔
是……
答答答
12
3
6
9

公司內部的發表
就在明天

精疲力盡…

大家不是為了
自己的績效
是為了團隊的勝利
而正在全力以赴

孫子兵法

進不求名，退不避罪。

解釋 就算違抗君王的命令，奮戰到底的時候，也絕不會謀求個人勝利的名聲，退敗也不規避失利的罪責。（完全以保全百姓和君王利益為重，這樣的將領才是國家之寶。）

P120 CASE 7 利益考量上「組織」優先於「個人」

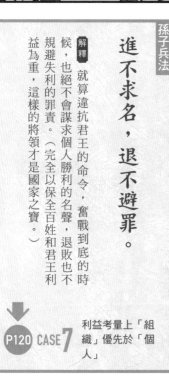

團隊的勝利啊……

指導者篇 1

雖表現差但先行讚美他的長處！

原文

卒未親附而罰之，則不服，不服則難用也。卒已親附而罰不行，則不可用也。
〈行軍篇〉

違抗錯誤的命令也是必要的

《孫子兵法》上說，士兵還沒有親近依附將軍的時候，將軍就執行懲罰，那麼他們打從心裡會不服；士兵不服時，將軍就難以統領他們。**信賴關係尚未建立起來的時候，就指責屬下差勁的地方，反而會讓屬下萌生反抗心，只會讓屬下鬧彆扭**。因此，剛開始就算眼見屬下扣分的一面，但也不要一一點出來加以指責，而是試著**將目光放在屬下的優點上**。自己的工作受到別人的關注，是一件令人高興的事，進而自己的長處受到讚賞的情況下，屬下也會覺得「主管有關注到我」，因此就能建立起信賴關係。

信賴關係建立起來之後才施行懲罰和責備

信賴關係產生之後，卻不去留意屬下違反規定，也不去監督屬下表現差勁的地方，那純粹就是縱容。《孫子兵法》上也說，**受到縱容的士兵不堪用**。然而，聽說近來，只是被主管稍加嚴厲盯上就垂頭喪氣的年輕人，越來越多。關於屬下的抱怨，好比說「一聽到那樣的說話方式，就讓人喪失鬥志」等。由此看來，屬下們似乎在意的是「說話的方式」，而不是被盯的內容。

另外，害怕遭人討厭，或者唯恐屬下辭職不幹，於是不敢斥責屬下，這樣的主管也越來越多。當屬下看穿主管有這樣的心態時，只會造就出不聽從指示的屬下。**該斥責屬下的時候，就必須要好好地斥責一番**。但如果只是一味地大發雷霆，並不是理想的作法。主管有必要在斥責方式上多下功夫。切勿因當天的情緒和情感上的不快而斥責屬下。**要留意：該斥責與不用斥責的標準要明確且合情合理**，這樣才是理想的作法。

讓屬下提起工作幹勁的高明稱讚法

「由於自己是在嚴格訓練的環境下訓練出來，所以不知道該如何稱讚屬下」，這樣的主管日益增多。儘管如此，但若能得到主管的認同，屬下一定會雀躍不已，所以多多給予屬下讚美吧！

稱讚法1 稱讚在工作過程中好的一面

- 對工作的投入表現給予評價，好比說：「這是有趣的觀點」、「你調查得非常仔細耶」等。
- 拿到進度報告時，對付出的努力和下的功夫給予評價，好比說「雖進展不順，但看得出你已經很用心了」等。
- 「藉由工作的完成，屬下能從中獲得多大的成長」，給予評價。

稱讚法2 讚美工作的「成果」

- 告知屬下工作能創造多大的價值。
- 和以前的工作相比，找出可以改善的地方。
- 在會議席上或朝會等場合，當著眾人面前，發表成果。

削弱屬下氣焰的斥責法

有時也非得斥責屬下一番不可。不過，笨拙的斥責方式，有時會使團隊的人際關係變得不夠靈活、圓滑。

斥責法1 制定申斥基準

一天的工作氛圍中，不時聽見責備聲。只要屬下稍微撞見申斥場面，整個團隊的氣氛就會變差，因此有損無益。制定好基準再來責備屬下，就能讓屬下產生適度的緊張感。

斥責法2 為遵守紀律而斥責

當屬下違反公司規定或無視命令的存在時，就該為了維護紀律而生氣，並要好好地責備一番。沒有緣由地指責對方，反而會造成反效果。當事人自己經常沒有自覺，所以適時給予提醒，才是斥責的意義所在。

斥責法3 思考改善策略

對於失誤或是該做的工作沒做完等狀況，當事人自己大都有所自覺。這時，若是不分青紅皂白地給予責備，則只會造成屬下心存反抗。給人「提醒」的感覺氛圍下，讓屬下自己去思考「該怎麼做才能改善」的具體對策。

斥責法4 斥責方式視對象的類型而定

斥責對象有各種類型，因此斥責的方式依對象而有所不同。好比說，面對重視溝通的屬下，與其指責他本人的不是，還不如提點他「會給組織或團隊添麻煩」之類的話。

激發閒聊能力和提問能力的要點

原文

令之以文，齊之以武，是謂必取。〈行軍篇〉

若要強化團隊就必須加深和屬下的交情

這段原文是說明如果將軍打從平時就和部下互動親密，對違反規定的部下，也會毅然決然地施以懲罰，那麼全軍自然而然就會團結一致。**這段兵法上值得注意的是「文」這個字**。如果是交情甚篤的朋友，即使相互適當地指責對方的不是，也不至於輕易地破壞彼此的交情。同樣地，**在公司或組織裡，加深同事之間的交情，達到可以相互訴說自己想說的話的地步，這點很重要。**

在過去日本經濟強盛時期，公司常利用員工旅遊、公司內部的運動會、工作結束後的聚餐，讓同事熟知彼此。近來，似乎有公司對這優良傳統重新審視評價，並且讓這些公司內部的活動重新復活展開。不過，在年輕人間，想把工作和私人時間切割開來的人越來越多，在這種情況下，上述的作法反而會造成反效果。

與其舉辦同事聚餐還不如訓練提問能力增加閒聊機會

確實有方法可以不用加諸這類強制性的活動或聚餐所帶來的負擔，就能迅速地建立親密關係。那就是「**閒聊**」。會議剛結束之後或是擦肩而過時、午休空閒時等，在這些時間點上多多少少都有閒聊的機會。**閒聊的話題不論是興趣、運動或是有關家裡的人事物等，什麼內容都無所謂**。自己先主動搭訕、提問是基本之道。但老是問相同的問題，也會令人厭煩。此外，太過於隱私的問題也應該有所節制。

把學會既不令人感到關係疏遠，也不令人感到厭煩的「提問能力」放在心上吧！

如果了解對方的為人，就可以靈活運用應變方式，例如在出差時，買些土產或對方似乎會喜歡的東西回來，或是允許對方因家族活動而早退等。這些靈活巧妙的作為**日積月累，就能加深彼此的「文」**。如果親密關係建立起來的話，縱使交辦稍微困難的工作，屬下也願意追隨主管腳步，全力以赴；當屬下違反規定時，即使遭到嚴厲責備，也不至於出現鬧脾氣的狀況吧。

打開閒聊話匣子的方法

閒聊對提升職場氣氛和提高團隊能力很有效。則說「閒聊是無用的行為」，反而要積極地參與喔！

探尋共同話題

同事間的閒聊和社團或遊戲裡的對話有所不同，而且社會人士有各種不同年齡層，也有各種不同的嗜好。就從探尋共同話題開始吧！

初級編

食物

因每天都要吃，所以食物是話題中不可或缺的一環。不過，如果話題老是繞著食物打轉，也可能會讓人覺得「你是個貪吃鬼」。

- 推薦中午用餐的好去處
- 美食店的資訊
- 有關喜愛和討厭吃的東西……等

居住場所

居住環境是和每天生活密不可分的問題。它能產生出一、二個話哏。從鄉下來城市打拚的人也能提起有關成長地的話題。

- 關於最近的車站
- 關於通車時間和交通工具
- 關於成長地點……等

中級編

運動（觀看方面）

互相閒聊並詢問對方「是什麼運動的什麼隊的粉絲」。注意：千萬不要和支持敵隊的人在話題上爭執不下。

- 偏愛的棒球隊
- 喜愛的足球選手
- 最近有的大型比賽……等

興趣

提起跟個人興趣有關的話題，例如「放假時都在做什麼」、「喜歡什麼樣的電影」等。注意：不要變成太過於核心的話題。

- 最近看過的電影
- 曾經去過的旅行地點……等

高級編

運動（實做方面）

和平常在做的運動有關的話題。如果彼此從事的運動相同，交談就會熱絡起來。但是，如果想邀約對方一起去運動的話，就要留意實力上的差別。

- 慢跑、馬拉松等跑步
- 室內足球、草地棒球等球類
- 瑜珈、游泳、健身運動……等

搭乘工具

如果是男生的話，有不少人喜歡談論有關車子的話題。不過，這是個人喜好非常鮮明且執著的話題，所以當話不投機時，也有可能變成從此以後避而不談的話題。此外，鐵道和飛機因是特殊話題，所以可省略不談。

- 汽車
- 摩托車
- 腳踏車……等

NG篇

政治

這是極為嚴肅的話題，喜歡的人非常喜歡。但是，有時會因支持的政黨不同、政治立場不同，而產生很大的代溝。

動漫

如果自己把「宅人癖好」公諸於世，也覺得沒什麼大不了的話，那就沒問題。但由於很有可能會被認為是「童心未泯」或「道不同不相為謀」等，所以最好還是避開這類話題。

被問了之後就試著反問一樣的問題

「平時有做什麼運動」、「假日都在做什麼」，不僅僅順勢回答這些問題，還要試著反問對方相同的問題。有時出乎意料之外問到對方所好的問題時，彼此可能會相談甚歡。

用「綽號戰術」縮短彼此距離吧！

原文

視卒如嬰兒，故可以與之赴深溪。〈地形篇〉

直截了當且迅速地建立信賴關係是有方法可循的

這段兵法是說明，平時將軍對待屬下就如同對待自己疼愛的嬰兒一般，那麼碰到緊急危難的時候，即便是深溪險境，士兵也會與他一同前往。將軍和士兵，**不僅僅只是指揮官和部下的關係，也有「親子」、「師徒」這層的關係**，打從平時起，就以濃厚的慈愛心和屬下交往，這點很重要。

公司組織也如軍隊一般，是命運共同體。即使不至於待屬下如嬰兒般疼愛，但至少也要把相互信賴關係看得非常重要，使共患難的意識變得非常強烈。不過，**信賴關係並非一朝一夕就能建立起來的**，是透過時間和經驗，在某種程度的日積月累下，自然而然產生的。

不過，的確有方法可以用人為的方式縮短彼此之間的距離。那就是「綽號」。

不要害羞就直接用綽號稱呼同事吧

雖說「彼此就用綽號來稱呼對方吧」，但這種行徑也可能會讓人覺得愚蠢。不過，彼此用綽號稱呼對方，既覺得好叫又容易拉近距離，因而產生夥伴意識，這樣的經驗應該在小時候就經歷過吧。這點用在大人身上，也是一樣的。**之所以彼此要用綽號來稱呼對方，前提是可以產生對等的親密關係**。也就是，用人為強行造就出這層關係。

在公司裡突然提議「用綽號來稱呼同事和主管」，這時，以往習慣稱呼對方「什麼什麼先生或小姐」的人，突然要用綽號喊對方，或許會感到害羞或有抗拒。同事間要克服這種害羞情緒固然很重要，但**位居上位的人可以率先試著用綽號稱呼屬下看看吧**。如果「用綽號喊對方」運動在團隊中發酵擴散開來的話，那麼夥伴意識和共患難的意識應該會瞬間提高。不過，千萬不要拿對方身體上的特徵等來取綽號，小心不要造成職場騷擾或性騷擾才好。

試著取綽號看看吧

同事之間，冷不防地用綽號稱呼對方，並非易事。但是，
為了提高團隊向心力，就試著用綽號叫看看吧！

綽號的功效

雖說「即使關係親密也要以禮相待」，但用綽號稱呼彼此，就表示關係匪淺。用綽號稱呼彼此的時候，有時也會提高相互的信賴關係。掌握綽號稱呼的優、缺點之後，就積極地呼喊看看吧！

優點
- 產生信賴關係
- 向心力提高
- 溝通變圓滑

缺點
- 上下關係變淡，緊張感消失
- 在公司外也用綽號呼喊彼此
- 有時會忘記對方真實姓名

「公司內」綽號的多樣「叫法」

Level 1 姓氏簡稱法

取日本姓氏的部分來稱呼。有些姓氏有一定的簡稱，例如：山田先生簡稱「山先生」、渡邊小姐簡稱「渡小姐」、丸山先生簡稱「丸先生」等。

Level 2 全名簡稱法

日本姓氏的部分和名字的部分合在一起稱呼。演藝人員和名人的綽號有不少是這樣來的。例如：木拓（即木村拓哉）、豐悅（即豐川悅司）、松健（即松平健）、C羅（即克里斯蒂亞諾．羅納度）等。

Level 3 姓名變形法

把姓氏或名字的部分變形來稱呼。例如：坂本先生叫成「本子先生」、松本先生稱為「小松」或「松子」、內田先生稱為「內子」等。

Level 4 視覺法

展現個人特性的稱呼。例如：看起來粗獷的人稱之為「大金剛先生」、體格壯碩的人稱之為「熊先生」等。由於隱喻外在身材特徵，所以小心不要變成誹謗他人的稱呼。

「絕佳險境」正是成員共患難的祕訣！

原文

善用兵者，攜手若使一人，不得已也。〈九地篇〉

陷入險境時團隊變強大一起共患難

據說，唯恐變成「職場上級騷擾」，因而過度「好說話」的主管越來越多。也就是說，就算對屬下下達指令，但**當屬下**以「強人所難」為由**拒絕聽從命令時，就輕易地聽取屬下所言，致使自己不斷彌補屬下在各種狀況所造成的缺失**。像這樣的主管雖然不被屬下討厭，但**一味地當個「好說話」的主管是無法栽培屬下**，也無法打造出強大的團隊。

《孫子兵法》上說，優秀的將軍雖統領著大批士兵，卻好像指使一人那般行動自如，之所以能做到這樣，是因為把士兵逼到置之死地而後生的境地。也就是說，人一旦處在沒有後路可退的困境時，便會拚命想辦法，奮力一搏。**被逼到險境的屬下們不得不同舟共濟、共患難，團隊因而變強大。**

針對長遠目標設定短期可成的小標的

雖說要營造險境，但也不能讓整個士氣沉浸在愁雲慘霧的氣氛中。在一項工作上**設定幾個短期可達成的小標的**，例如設定截止日期或目標值等，藉此就能打造出無後路可退的險境。祕訣在於一個個小標的一一達陣時，讓人覺得好像在玩遊戲一般，感到「非常有趣」。

另外，雖說主管掌控著險境的嚴峻程度，但理想的作法，並不是一開始就在烏雲罩頂的氛圍下，大聲吆喝，想以此激勵屬下。

首先，就從指出屬下哪裡不足開始吧！試著詢問屬下成長和獨當一面的目標、希望。訂定好「將來要成為什麼樣的主管」的目標之後，接下來揭示這項目標在幾歲要達成，以及要達成此目標所需具備的條件，進而指出現今狀況哪裡不足，並給予指導。**明確提出中、長期的目標和短期標的**，而不是讓屬下提出模糊不清的目標，這點很重要。

工作上 實踐！

管理經營團隊

主管（管理者）的任務並非只是為了達成目標而掌舵。
「manage」（也就是想方設法），也是主管的工作。

光是和藹可親是不行的

主管一味地和藹可親，團隊就不會成長。若是如此，有害無益。

- **不能培育屬下。**
- **凡事拜託主管都會答應，團隊的腦力會變鈍。**
- **越來越無能力挑戰嚴峻的工作。**
- **稱不上是「主管」。**

結果 兩方都沒有好處
每況愈下……

光是和藹可親是不行的

雖說要營造險境（即嚴峻困境），但只有「嚴峻」，任誰都不會追隨。給予難題（即工作）的情況下，不光只是制定「達成」的目標，也要設定幾個小目標，也就是做出能夠循序漸進達成最終目標的機制。

㊣ **2個月內開發10個新客戶！**

GOAL！

目標4
目標設定經過一個月時，要達成5件成交，也就是最終目標的一半。

目標3
開始拜訪約好會面的新客戶。首先以成交一件為目標。

目標2
和列表上的新客戶預約會面。達成目標的倍數「20件約定」。

目標1
調查負責區域的相關資訊。製作開發新客戶列表。

START！

一個個目標具體呈現出來比較好。如果目標定得模糊不清，就感覺不到達成的成就感。

指導者篇

5 要成長就必須「置之死地而後生」！

原文

謹養而勿勞，並氣積力；運兵計謀，為不可測。投之無所往，死且不北。

〈九地篇〉

試著不要設限地分派給屬下稍微困難的工作

讓自家軍隊前進移動時，在無法預測目的地所在的情況下，侵入敵軍陣營。這時，處於四面楚歌的士兵們，便會全力以赴奮戰到底。這就是《孫子兵法》上所強調的，將屬下逼入險境的重要性。在商業領域中，也是如此。即使碰到「強人所難」的工作，有時也會**在被逼到「置之死地」的狀況下，卻意外將工作完成**。所謂的「做不到」，只不過是先入為主的自我設限罷了。為了讓屬下有所成長，試著將稍微超出他能力所及的工作，分派給他做看看吧！如果屬下能達成，就會得到成就感，接下來縱然交辦更困難的工作時，也可指日可待他能完成。

告知工作的價值激發出屬下的勇氣

雖說應該視屬下的能力來交辦工作，但有的屬下一碰到困難，就灰心氣餒、垂頭喪志。像這樣的屬下，把他逼到窘境，反而會造成反效果，所以有時主管也要看情況而有所讓步。

遇到困難就逃避，原因在於沒有面對的勇氣。勇氣並非單純來自於個人的資質，它也能靠主管巧妙的操控而生成。重要的是，要具體地告知屬下，現在所做的工作對誰有助益，以及做出來會創造出多大的價值。主管每次收到工作的進度報告後，就要即時告知屬下你的感想，這點非常重要。在這個時候，不要老盯著屬下做得不好的一面，而要把目光放在他表現好的一面上。

除此之外，**屬下一旦任務達成，主管就要大表感謝之意、歡喜之情**。對於屬下完成任務，主管抱著理所當然的想法，也不會對這項成果表達感謝之意，這樣的作法並不好。因為主管的表示，也攸關著屬下對下個任務的工作衝勁。

讓屬下勇於面對困難的方法

碰到困難時是否會勇敢面對，這點不僅僅是看屬下的性格而定，也是主管可以掌控的。

激發屬下的勇氣

會逃避困難是因為沒有面對的勇氣。所以，先了解鼓舞士氣的手段吧！

重挫勇氣的行為

- 只盯著屬下做不好的地方。
- 工作上一味地命令重做。
- 做得好的地方也不給予稱讚。
- 盡說嫌棄的話。

讓屬下具備勇氣的行為

- 即便是小事也能從中發現優點。
- 中間過程給予評價。
- 表達感謝和喜悅。
- 告知屬下別人給他的好評。

給予稍微超出能力的工作吧

現在的規格

- 業務方面一天處理10件。
- 沒能力開發新客戶。
- 會議上不會做出有用的發言。
- 因加班總是留到晚上8點。

「稍微超出能力」的工作

- 規定處理15件業務為基本工作量。
- 讓屬下每天打電話給新客戶。
- 讓屬下搜尋並備好能成為議題的話題。
- 下令下午6點一定要下班。

完成的話……

生出「做了就會！」的自信

主管容易犯的「五種危險」！

原文

將有五危，必死可殺，必生可虜，忿速可侮，廉潔可辱，愛民可煩。〈九變篇〉

為了防止遭人暗算被扯後腿所應該注意的事

《孫子兵法》舉出有**關領導者人格上的五種致命危險**。也就是，只會逞匹夫之勇、不顧死活硬拼的人，可能會招致殺身之禍；臨陣畏縮、貪生怕死的人，可能會被俘虜；性情急躁易怒的人，容易遭人算計，受人激怒而失去理智；過分潔身自好和重視自己名聲的人，容易遭人侮辱而中入圈套；婦人之仁而過分保護子民的人，可能會不堪敵軍擾民，而無法採取相應的對敵行動，以致總被敵軍牽制。這五種狀況是將軍的致命傷，在用兵上會成為一場災難，也是讓軍隊全軍覆沒、讓將軍戰敗犧牲的原因所在。

以現代來說，雖大可放心這五種性格不至於造成身亡，但也意味著，**如果執著於這五種性格中的任何一項，則可能會遭人落井下石、被扯後腿**。這些都是潛藏在領導者身上的致命弱點，身為領導者應當小心。

不要固執拘泥應將各個性格靈活巧妙運用

這五種性格也全都能套用在現代商業上。**必死**，是指只顧達成眼前的目標，打算只靠拼死蠻幹來讓事情有所進展的人。即使看不到未來遠景，仍一意孤行，有時也無法挽救狂瀾。相反地，唯恐失誤而畏畏縮縮、過度謹慎，這種**必生**也會阻礙商業發展。更別說是**忿速**了，一個情緒起伏大又性急的人，沒有人會想去追隨他。**廉潔**，換一種說法就是不知通融、變通。在和有利害關係的對象進行交涉時，有時也需要採取不正當的手段。但這時如果認為「不公平」，而堅持拒用此不正當手段，或許就會因此而錯失良機。至於**愛民**，也就是同情心氾濫；如果對屬下過分婦人之仁，就會被貼上「無法當機立斷的主管」的標籤。總之，主管須具備**能隨機應變、將這些性格巧妙靈活運用的本事，以及作為一個人應有的內涵修養**。

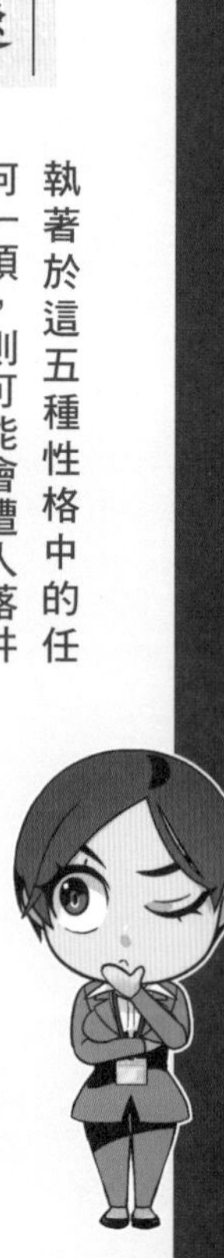

哪些類型的主管「遭人厭」？

將領容易陷入的 5 種危險，
可以依樣畫葫蘆地分類出惹人厭的主管類型。

①必死▶不顧死活猛衝型

這種主管會站在團隊的最前頭帶頭往前衝，雖然看似前途有望，但光要求提高業績，強拉著屬下像陀螺般轉動。忘記管理經營團隊，只是一股勁地往前衝，致使屬下追不上。

②必生▶逃避責任型

這種主管會把自己的過失推卸到屬下身上， 只求自己活下來。因為只顧自己明哲保身，所以當然無法得到別人的信賴。

③忿速▶脾氣暴躁型

發起脾氣來只會亂罵一通的主管。嚴格和發脾氣，完全不同，不可混為一談。一昧地不講理，不管怎樣屬下都會被嚇到，只會覺得：「啊！又來了！」

④廉潔▶嚴謹呆板型

這種主管通常想要成為他人的榜樣或了不起的主管，因而變成不懂變通、呆板的墨守成規之人。在統領群眾時或是進行的每次談判上，不分善惡彈性變通才是必要的。

⑤必死▶好好先生型

這種主管不會認真確實地斥責屬下。不想遭人厭，就常看屬下的臉色行事，完全無法展現魄力。主管就必須要有「遭人厭」的心理準備。

指導者篇

7 利益考量上「組織」優先於「個人」

原文

進不求名，退不避罪，唯民是保，而利於主，國之寶也。〈地形篇〉

優秀的主管不會只追求自己的功名

提到位居上位之人或是處於統領組織地位的人，所不可欠缺的要素，**根據企業管理大師彼得．杜拉克所言，是「廉正」二字**。所謂的「廉正」，雖然也可以換句話說是「誠實」、「認真」，但更進一步來說，似乎含有**對工作或組織的倫理德道觀和一心一意的態度**之意。

《孫子兵法》上所言的「進不求名」，可以說清楚地闡述了彼得．杜拉克所提出的「廉正」之意。作戰時，不謀求個人的功名；戰敗撤退時，不推卸自己失利的責任；一心只想到該守護的人民。兵法上表示，這樣的行為也符合了君主的利益，而有此情操的將軍，堪稱是國家的棟樑。也就是說，**一位優秀的將軍自始至終一切的行為，都以組織的利益為考量。**

無法用數據呈現的工作也秉持「廉正」態度去做這點非常重要

提到以組織的利益為優先的表現，一般會舉出「廉正」上必備的四種體現之一，也就是「**貢獻**」。除此之外，還有「**榜樣**」、「**責任**」、「**倫理**」也是不可或缺的態度。雖然大家會認為「這些是身為一個人理當具備的」，但卻屢屢會聽到有人說「功勞被搶走」、「被迫負起失誤責任」之類的話。

會有諸如此類的說詞，不僅僅在於「人的個性」，也和「工作的評價，是以個人為單位來衡量成果」有關。如果只想提高個人的績效，那麼不去幫忙周遭人的工作，默默地做好自己分內的工作也可以，不是嗎？如此一來，或許可以完成自己的「責任」，但不能成為眾人的「榜樣」。

即便是無法用數據衡量的「幕後工作」，也不忘秉持「廉正」的態度，為組織效力去做，這點對優秀的主管來說，是非常重要的事，應該銘記在心。

何謂組織優先的「廉正」？

居於眾人之上的人或是擔任帶領組織要角的人具有不可欠缺的要素，那就是「廉正」。接下來就來了解「廉正」是什麼，並加以實踐吧！

表現「廉正」的四個體現

榜樣　用態度和言行舉止影響他人

這種人，並不是仰仗權力或財力，而是靠著平時對工作的態度和言行舉止成為眾人榜樣。這一項要問的是：「此人是否適合作為團隊的表率？」

責任　完成該做的事情

這種人，對於一旦接手承辦的工作都會毫不卸責地完成，是具有責任感的人。「就算沒人看見，也不會對工作偷工減料」，這點也很重要。

倫理　不扯他人的後腿

這種人縱然知道自己的利益所在，但也不會為此而加害他人。不會做「扯競爭對手後腿，讓自己往上爬」的事。

貢獻　組織的成果優先於個人利益作考量

這種人把團隊成果優先於個人成績作考量。在工作上，「各人自掃門前雪，莫管他人瓦上霜」是不行的。

齋藤派

工作上的創新點子

3

改變職場氛圍的「中場休息時間」

職場的氛圍，是由上司、前輩，或專案主管，也就是這些所謂的「領導者」，造就出來的。也就是說，工作環境死氣沉沉，或是感覺不到屬下的工作衝勁，都和領導者的作為有莫大的關聯。反過來說，如果領導者稍微下點功夫，則職場的氛圍就會驟然改變。

改變職場氛圍的方法，大致有三種。

第一種方法是，**不管怎樣先提高工作鬥志再說**。雖然口頭鼓舞士氣也可以，但直截了當迅速地發放獎勵金也不錯，或是自己率先「上好發條」繃緊神經，也會有好的効果。

第二種方法是，**明確清楚地提出方針和目標**。共同的方針、目標會讓人萌生夥伴意識，自然而然提高了工作鬥志。但必須留意，如果為了達成目標，而要求過分嚴苛的工作量，反而會因此造就出更加冷漠無情的職場氛圍。

接下來，第三種方法是，**視狀況謀求軌道的修正**。這部分理當是領導者的責任。舉例來說，當散漫懈怠的氛圍擴散在整個職場之際，領導者就有必要將團隊成員聚集起來精神喊話，振奮士氣。以足球隊為例，教練利用中場休息時間，針對後半場，指示戰術的改變等作為，引導球隊發揮好的表現。公司內部也是如此，**設置「中場休息時間」，重新提出具體的指示，告知變更的方針，以便修正行進的軌道路線**。

這時切莫忘記，營造出現在的狀況，這份責任落在領導者身上。如果一開始領導者的方針就很準確的話，照理來說，團隊應該會發揮很好的作用。因此，首先，勇敢果斷地承認自己判斷失誤吧！接著，利用「中場休息時間」，讓團隊重新開始，這點在改變職場氛圍時很有效。

4章

競爭篇

The competition

競爭和談判
進展順利的祕訣

附帶清洗功能
不採用
企畫發表以失敗收場
沈——默
那就來調整更換吧！
一起分析這次失敗的原因吧

津年武，你拿到發表時的會議紀錄了嗎？
是
全都拿到
批評中大都是和新功能有關
還有，和降低材料成本有關的批評也不少
難道說，臨時抱佛腳並受乙公司情報影響這件事完全被看穿了？

——
勢者，因利而制權也
孫子の兵法

孫子兵法

勢者，因利而制權也。

解釋 所謂「勢」，就是時時按照有利於建立我方優勢和掌握戰爭主動權的原則，視具體情況靈活用兵，將一舉決定勝負的王牌掌握在自己手中。也就是說，不管做什麼都會有預料不到的狀況發生，隨機應變因應的同時也不要失去核心部分。

P140 CASE 1 談判前先設定好「不讓步的底線」

……難道這次失敗的原因是沒有設定「不讓步的底線」？
原本西東電機的魅力是什麼呢？
宮川亮太
你之前為什麼想進西東電機？
這個嘛……
因為喜歡公司的產品
哪一方面？
製作嚴謹
技術成熟……
果然就是這個

優先度
高
品質
低
交貨期
首先非得重視品質不可！
跟發表時被批評的內容一樣
……不僅如此還有降低材料成本之類的
高
品質
不過，只有「加入清洗功能」這點沒批評……
這倒要謝謝小摩季哦
這次的發表雖然遭到駁回
幸好獲得了雪恥的機會
吔？
是這樣嗎？

回想發表會現場
企畫二課
新功能
附帶清洗功能
濃縮咖啡
大怒
回去給我重做
業務部長只有大發雷霆地說「去給我重做」，是嗎？
所以要重頭開始做起
接下來已經有計畫了嗎？
真是一個不畏困難的人啊
沒有喔
斬釘截鐵

孫子兵法

而愛爵祿百金，不知敵之情者，不仁之至也。

解釋 如果吝惜爵祿和金錢而不肯重用間諜，以致因不能掌握敵情而導致失敗，那就是不仁到了極點。資訊的價值從古至今都未曾改變，就算會耗費勞力，也應該拿到手。

P142 CASE 2 資料蒐集上「聽聞」不如「親見」！

硬擠進其他產品的發表會嗎？
……果然是強人所難吧？
麻生小姐

這個

孫子兵法

兵聞拙速，未睹巧之久也。夫兵久而國利者，未之有也。

解釋 在實際作戰中，只聽說將領缺乏機智謀略難以速勝，卻沒有見過為追求高明巧策而持久作戰的。戰爭曠日持久而有利於國家，這種事從來沒有過。總之，作戰的勝負上，「速度」是非常重要的因素。

P144 CASE 3 勝負的根本在於「速戰速決」！

因大家都很努力
請再給我們自己一個機會！

可是……

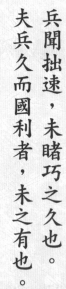

孫子兵法

勝兵先勝而後求戰，敗兵先戰而後求勝。

解釋 能打贏的軍隊先具備了必勝的條件之後，才去和敵人交戰，而會吃敗仗的軍隊往往先貿然交戰，之後在戰爭中企圖僥倖取勝。

P146 CASE 4 切勿「姑且做了再說」！

總之……
徹底作準備
反復驗證
看看是否有把握能獲勝
成功！
打算憑著一股衝動去做
失敗！
……就是這個道理喔

沒有經過充分驗證就貿然行事，結果很有可能會變成這樣呀
當然也就沒有勝算，不是嗎？
洩氣

……不過，我知道你衝勁十足
至於要不要參加下次的發表會，先好好分析狀況後，我再來決定
津年武和小摩季去資料庫把公司過去的產品索取來
好的
顧客問卷的比較……
舉手
這我來做
那麼你的哥兒們小高
小高……
就跟著你一起做吧
商品企畫二課
咚咚咚

什麼感覺？
要看完這些太吃力了
好像傻瓜一樣
好像有消費者反映「不管是熱銷商品還是非熱銷商品，都看起來很像」
還有「對把手牢固很滿意」、「按下按鈕時的觸感很好」等等
事實上有不少反映的意見是和手接觸到的部分有關
是啊
這個時候，重新思考附帶清洗功能這個提案
把重點放在「講究質感」，大家覺得如何？

孫子兵法

則我眾敵寡，能以眾擊寡者，則吾之所與戰者約矣。

解釋 我方集中兵力在一個點上，而敵人分散兵力為十處，以局部戰場來看，我方以十對一，在這我眾敵寡的態勢下，則我方軍隊付出少力就能擊敗敵人。並不是試圖貫徹自己「這個、那個」所有主張，而是聚焦在一個點上，如此一來才極有可能會突破。

P148 CASE 5 不要小看「集中火力」的力道！

不要清掃功能了嗎？
可是，現在熱銷的商品好像都附帶新功能耶

是啊
不過，這陣子企圖搭熱銷產品順風車的，不也都失敗了嗎？

孫子兵法

形兵之極，至於無形。無形，則深間不能窺，智者不能謀。

解釋 示形誘敵的方法運用得極其高明巧妙時，一點破綻也看不出來。到達這種境界，即使深入我方的間諜也無法探明我方的虛實，足智多謀的敵手也想不出對付我方的辦法。

P150 CASE 6 千萬別依賴成功經驗！

如果真的讓消費者覺得方便，固然是好，
但目的只是「讓人覺得耳目一新」，那就沒有意義了

那麼你的意思是，聚焦在基本功能上，走高級路線嗎？

這和所謂的「高級」有點不一樣。
比較接近日常業務使用的
質樸耐用？
正是！

那麼，小摩季，請縮小材料的選項範圍
成本的試算也拜託你了
好的
津年武和小摩季，你們做好技術部的數據後，讓我看看
定好大方向計畫就會順利完成
這樣一來就可以趕上下次的發表會
好，那麼就用這來製作資料，一決勝負吧！
會議室
第二次公司內部發表會
如上所述，
產品的焦點放在講究「消費者用手觸摸到的地方」

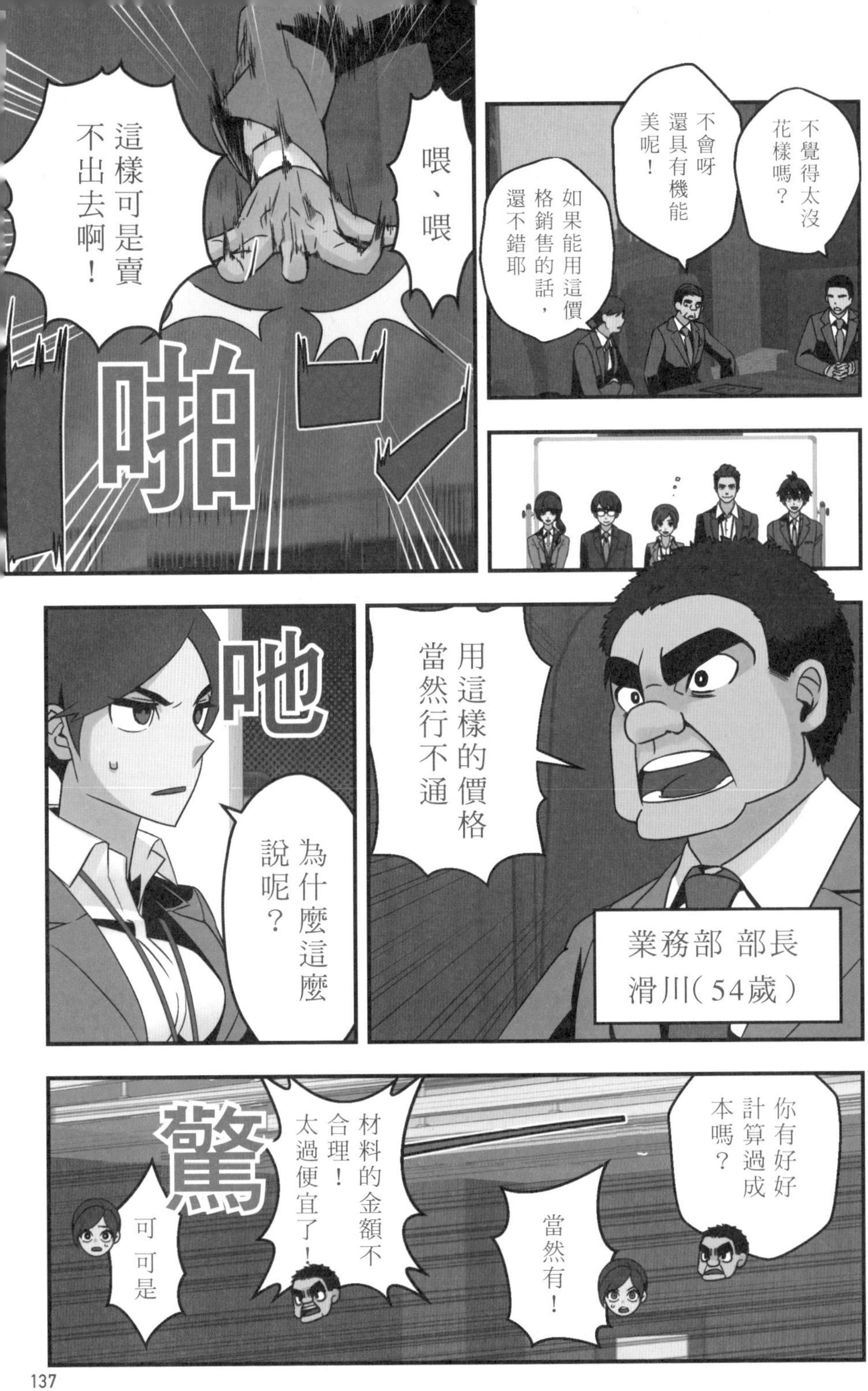
不覺得太沒花樣嗎？
不會呀還具有機能美呢！
如果能用這價格銷售的話，還不錯耶
喂、喂
這樣可是賣不出去啊！
啪
用這樣的價格當然行不通
業務部 部長
滑川（54歲）
吔
為什麼這麼說呢？
你有好好計算過成本嗎？
當然有！
材料的金額不合理！太過便宜了！
可可是
驚

喂，老大！
輪到下一組商品發表吧！
……!!
第二次發表也以失敗收場
企畫二課
都是我害的……
計算沒有錯啊
在上次的發表會上，對金額幾乎沒有說什麼
為什麼就在這次……
真倒楣
應該全歸咎於老天爺嗎？

孫子兵法

凡此六者，非天地之災，將之過也。

解釋　凡是軍隊有「走」、「弛」、「陷」、「崩」、「亂」、「北」六種情況發生，不是天時地理造成的災害，而是將帥自身的過錯使然。

P152 CASE 7 歸咎「運氣差」是無法收拾善後的！

這麼說也對
這次的全部責任在我

好!!
大家就來徹底調查原因吧！
不過，今天就早點回去休息吧
疲憊不堪
說的也是……

談判前先設定好「不讓步的底線」

原文

勢者，因利而制權也。〈始計篇〉

將意料外的事態轉變為契機一鼓作氣進攻

在運動比賽上，兩方人馬實力較勁，好好分出勝負的情況下，有的時候在一方出現微不足道的失誤或小出錯等的契機之下，不知不覺就會將比數拉開。在這種情況下，一旦潰敗，就難以挽回。從相反的角度來看，**對方如果趁機一股作氣進攻的話，就能大獲全勝**。也就是說，賽事分出勝負，就在於如何看穿「決定勝敗關鍵」。

這種「決定勝敗的關鍵」，就是《孫子兵法》上所說的「勢」，兵書上也揭示出致勝的要點。因應將會面臨的戰事，事前的準備和周詳的模擬是理所當然的事，但不要認為：「只要這麼做，就可以屢勝不敗。」也就是說，在正式作戰時，對於出乎意料的事態，要能隨機應變處理，進而將它轉變為對自己有利的局勢，一股作氣決戰勝負，才能藉此開出一條康莊大道。

維持步調利用決定勝敗關鍵做出利我局勢

商業上許多的談判，都是在一較高下、爭勝負。雖說必須堅持貫徹自己的主張來確保利益，但如果提出的意見太多，反而會讓大家疏遠你。相反地，對方所說的話都言聽計從，也會造成己方慘敗收場。

談判上最重要的，就是**事先決定好「不能讓步」的底線**。接著把它想成是「分出勝負的一條線」。

即使像這樣作好心理準備來面對，但有時在實際的談判中，展現那條線的時機總是沒有到來。舉例來說，對方企圖「不讓我方」說出自己想說的話，在這情況下，尤其難以攤出自己的條件吧。

因此，這時**必須要有讓局勢有利於我方的策略**。舉例來說，一開始先提出龐大的要求，然後從這龐大的要求中讓步，逐步朝自己設定好的底線靠近。相反地，一開始自己先讓步，反而等於是把底牌攤開來給對方看。所以，在維持自己的步調的同時，不要錯失進攻的時機，這才是致勝的關鍵。

誘導對方讓步的技巧

一般來說，在自己心中畫上一條不能讓步的底線之後，
就針對這條線進行談判。不過，也是有輕易就讓對方接受的心戰技巧。

讓對方拒絕大要求後再讓他接受小要求

先提出似乎會被拒絕的大要求看看，被拒絕之後再提出比原先小一點的要求。利用對方因一開始就拒絕我方要求，而感到「不好意思」的心理作用，發展出有利於我方的談判局面。這種技巧稱為「以退為進法」。

例 想把商品賣到100萬元以上時

案例

我：「您覺得150萬元如何？」

客戶：「嗯，有點貴！」

我：「那麼120萬如何？」

客戶：「還是有點貴！」

我：「我知道了，那我就不賺錢地賣您100萬！」

客戶：「那麼成交（不好意思對方已經大砍價了，接下來就買吧）」

重點

- 有時太過離譜的要求，反而會讓對方發怒，所以盡量從適度的基準線開始交涉。
- 降低要求時，要向對方表示「強人所難」的樣子。

從小要求轉換成大要求

這種手法是，一開始對方接受了既簡單又小的要求之後，漸漸地提出大的要求。這種技巧稱為「得寸進尺」，常見於登門拜訪販售等場合。

例 希望對方製作企畫資料

案例

我：「可以幫我找出這商品的銷售數據嗎？」

客戶：「好的，請稍等。」

我：「那麼可以幫我把這企畫書上的這些數據都填寫完嗎？」

客戶：「好的，我知道了（反正有數據資料，就順便填一填也無妨……）」

重點

- 請求時，要從對方負擔少的地方開始下手。
- 目的在於誘導對方一次就一口答應。

競爭篇 2

資訊蒐集上「聽聞」不如「親見」

原文

而愛爵祿百金，不知敵之情者，不仁之至也。〈用間篇〉

在蒐集資訊上要捨得付出勞力和成本

《孫子兵法》上有不少地方說明蒐集情報資料的重要性，但其中態度表現出非常強硬的是這段話。

要達到讓軍隊能長途遠征並整頓好備戰狀態，必須付出龐大的費用。這筆費用從稅收支出。有此認知之後，開始出兵作戰，但如果捨不得付出酬勞給臥底的人（即我方派出的間諜），又懈怠蒐集情報的話，那就太對不起國人。**要將戰局引導到有利於我方，事先蒐集情報是必要的手段**。因此，捨不得付出勞力和金錢，終究無法獲得勝利。

在商業領域上也是如此。事先「知己知彼」有多麼重要，是無需贅述的。然而事實上，資訊蒐集明顯不足，像這樣「不仁」的商業人士似乎為數不少。

站在現場親眼目睹徹底調查

業界動向、國際情勢、有關今後將要拜訪的新客戶等，這些似乎非弄到手不可的情報資料，你掌握到什麼程度？

用網際網路大略地搜尋完畢，或看一看雜誌上的專題就滿足，做到這樣的程度稱不上是「掌握」吧。像這些**針對廣大群眾的資訊，不管是誰都能輕易拿到手**，所以不能成為個人的武器。

關於蒐集資訊的方法，《孫子兵法》上蘊藏著暗示。孫子有說：「偵察並不能靠著神明或是卜卦能辦到。就算是從天象解讀的東西，也未必符合天理，根據智慧才有可能。」當時所謂的神祇或卜卦、天道，以現代來看，相當於網路或雜誌上的資訊吧。也就是說，這些都是自己「聽聞」什麼人的解釋而得來的資訊。相較於此，**盡量站在現場，實際用自己的眼睛去觀察，然後徹底調查**，這樣才能蒐集到有價值的資訊。

資訊的蒐集法和解讀法

不管是過去還是現在的「資訊」，都是勝負的關鍵。
盡早知道資訊的價值及其正確的解讀方法吧！

符合一手資訊

隨著二手資訊、三手資訊的出現，資訊會變得越來越不正確。所以，努力將一手資訊拿到手吧！

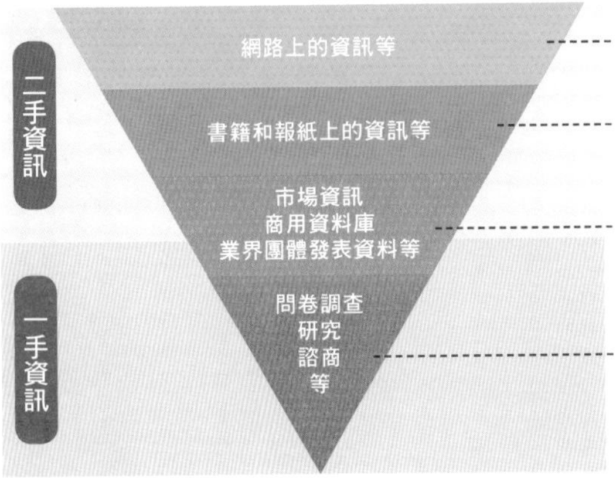
二手資訊
一手資訊
網路上的資訊等
書籍和報紙上的資訊等
市場資訊
商用資料庫
業界團體發表資料等
問卷調查
研究
諮商
等
雖輕易能到手但可靠性低。
不論是誰都能拿到手，所以難以取得差別性。
需付某個程度的價金或是必須親赴才能取得的資訊，其真實性高。
由於獨自去調查，所以能拿到獨一無二的資訊。不過，會付出不少金錢和勞力。

懷疑圖表的呈現方式

根據圖表的刻度、數值、大小等呈現方式，有時接收到的認知會有所不同。

・形狀的騙術

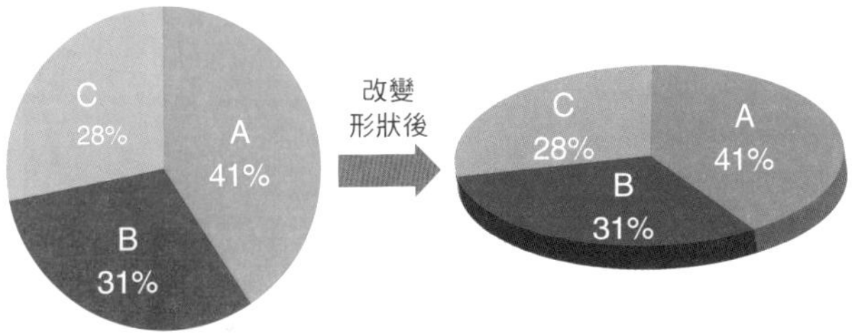
C
28%
A
41%
B
31%
改變
形狀後
C
28%
A
41%
B
31%

數值是A＞B＞C，但用立體方式呈現之下，B看起來最大！

・數值的騙術

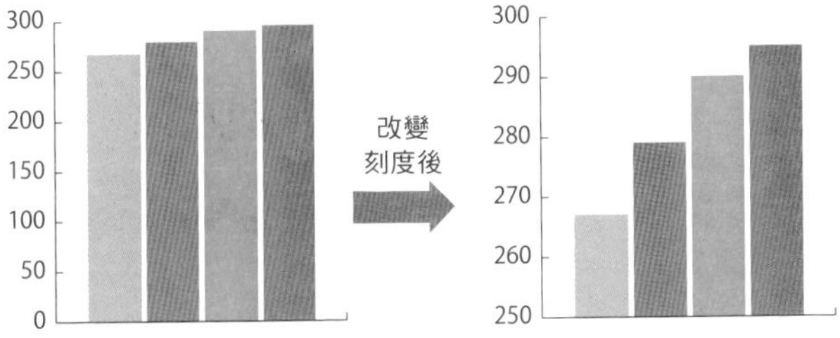
300
250
200
150
100
50
0
改變
刻度後
300
290
280
270
260
250

藉由刻度的改變，看起來似乎變動很大！

競爭篇

3 勝負的根本在於「速戰速決」！

原文

兵聞拙速，未睹巧之久也。夫兵久而國利者，未之有也。〈作戰篇〉

「慢工出細活」雖是日本的美德 但真的是正確作法嗎？

《孫子兵法》上，對於作戰，闡述道：「不管是好是壞，都應該速戰速決；為求完美巧策而作戰曠日持久，並非國家利益。」

從這段文句引伸出「拙速巧遲」這個詞。「巧遲」是指雖然結果做得很好，但完成得太晚了。「拙速」的意思則剛好相反。

也就是說，與其「想做出好東西而把時間推遲」，還不如**「縱有瑕疵但迅速完成」比較好**。

在日本，說到「拙速」就給人「欲速則不達」的感覺，所以不太會用在心靈成長或勵志類的文章中，反倒是像《龜兔賽跑》這種寓言故事中所描述的，付出時間而獲得勝利，才是一般認知的美德。不過，《孫子兵法》上所傳達的價值觀，可以說正好與其相反。

在忙碌的現代「拙速」才是王道 開會宜採速戰速決

進行討論或開會等時候，若時間沒有加以限制的情況下，一直進行到「意見達成共識為止」，那麼很多時候是，隨著時間一分一秒地流失，愈發提不起勁進行下去。所以，從一開始，清楚訂定好議題，把議題分段在短時間內進行，這樣才能提出更有效率、更好的意見。

此外，在貿易談判等場合，**處於劣勢的時候，有必要盡可能在速戰速決下一決勝負**。如果意氣用事「堅持做到報一箭之仇為止」、「一直要到對方把所有條件都答應為止……」等，那麼就會噗咚一聲陷入泥淖中，而無法得到好的結果。所以，當下要求「先帶回公司看看」等，便迅速撤退，然後再次從制定作戰策略開始做起吧。

在環境瞬息萬變的現代，與其「巧遲」，還不如把「拙速」當作美德，更容易達成成果。不過，發動戰爭前的準備千萬不能「拙速」。再三慎重其事，以期臻於至善，而作戰的時候才朝「拙速」邁進吧。

推薦「拙速」

《孫子兵法》上認為，把時間浪費在戰爭上是沒意義的，應該縮短時間。
商業領域上也是如此。與其「巧遲」，還不如把「拙速」牢記在心。

會議上採時間和議題切割法

時間和議題皆無切割的會議

數個議題

- 老是無法得出結論。
- 全員出席以致無法做其他的事。
- 開會時間拉得越長越沒幹勁。

把時間和議題作切割的會議

1個議題

- 各議題容易得出結論。
- 能把多餘的時間撥給其他工作。
- 透過簡短會議的不斷累積，能謀求內容的充實。

反復多次修正使企畫書得以完成

為追求完美而超過截止日期，就不值得一提。與其硬著頭皮一直做到最後完成，還不如盡早做完，即使稍有點草率，但早一點取得上司的意見，這樣才會有時間修正內容，並提高符合上司所期待的完成度。除此之外，透過在短時間內完成所做到的量，也能累積經驗值。

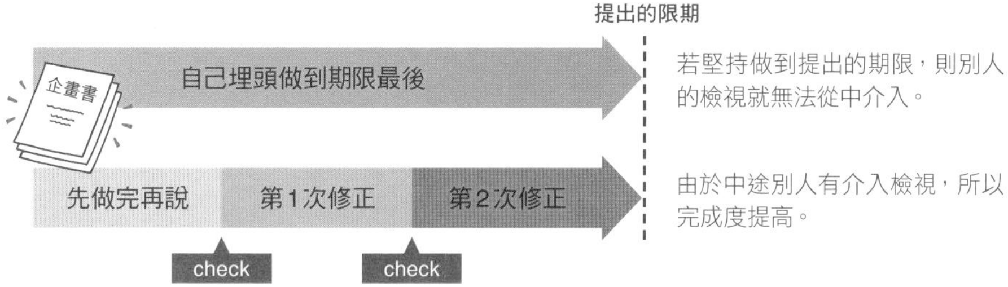
提出的限期
企畫書
自己埋頭做到期限最後
若堅持做到提出的期限，則別人的檢視就無法從中介入。
先做完再說
第1次修正
第2次修正
check
check
由於中途別人有介入檢視，所以完成度提高。

競爭篇

4

切勿「姑且做了再說」！

原文

勝兵先勝而後求戰，敗兵先戰而後求勝。〈軍形篇〉

所謂「戰」是在開戰之前就勝負已決

《孫子兵法》上說，所謂「戰」是指在作戰之前就已經決定了勝敗。也就是說，一旦要決戰，在開戰前，徹底蒐集情報，有把握一定能打勝仗時，才應戰，這點非常重要。反過來說，**如果沒有把握能戰勝敵人，就應該徹底避開這場戰爭。**

一旦開戰，即使《孫子兵法》上說要「拙速」，但也必須為戰爭作好充分的準備。

這論點也可以完全套用在工作上。事實上，不管是個人，還是組織，一開始先來勁地想說「非試一試不可」，在這情況下「開戰」，一定會導致失敗。

只靠氣勢卻沒有風險意識、草率倉促做出來的企畫，我認為是最窒礙難行的企畫。而且在這種情況下，停損點或撤退時機不明確的案例也不少，很容易最後傷勢變得更加慘重。

靠著身懷經營管理意識作出正確的判斷

如果以前有迎面實戰的經驗，那麼遇到門檻高的企畫時，應該會感覺到「這一定是一場敗仗」。這時若堅守「精誠所致，金石為開」的信念，硬幹到底，那麼就會在始終無法選擇撤退的情況下，導致損失慘重。

「先做做看再說，之後再來考慮各種狀況」，有這種想法的人缺乏經營管理的意識。「主管說什麼就做什麼」、「因為是公司的錢，所以不關我的事」，如果抱著這樣的意識形態去做事，就只會以自己的方便行事，而不會顧及到經營管理層面。因此，先要**自發性地抱著「這企畫與我息息相關」的態度，事先從高處俯瞰事情的整體**，然後才能看到有效率的作法，也才有可能作出正確的判斷。

不論是組織，還是個人，在這競爭激烈的現代，「經營管理意識」可說是不可或缺的必備能力。

工作上 實踐！

開始前確實作好準備

工作盡早進行，固然很重要，但前提是要事先作好萬全準備。
抱著姑且做了再說的心態，邊做邊摸索成功之道，終必失敗。

工作的正確與否取決於準備！

工作失敗常見的歷程

姑且做了再說 → 以同步進行來應付調查和準備 → 面對出乎料想的狀況 → 無法掌控狀況

因調查和準備不足而驚慌失措……。

工作成功常見的歷程

確認市場和對手的狀況 → 整頓人員等公司內部的體制 → 實行 → 能夠掌控狀況

把一個個調查和準備踏實地累積起來！

談生意時的「準備表範例」

□是否有小冊子之類的商品資料？

□是否有商品實際成效和公司簡介等自家公司的資料？

□是否有業界動向、官方公告資料等客觀的市場資料？

□是否有記載價格表和交貨限期條件的資料？

□是否準備好商品樣本？

□是否正在查詢客戶的官網和公司簡介？

□是否備妥比與會客戶人數還要多份的資料？

□是否備妥絕不會短少的名片張數？

試著製作一份屬於自己的檢查表吧！

競爭篇

5 不要小看「集中火力」的力道！

原文

則我眾敵寡，能以眾擊寡者，則吾之所與戰者約矣。〈虛實篇〉

集中資源 強化實力 磨練突破能力

說到當今席捲全球令人瘋迷的智慧型手機，非「哀鳳（iPhone）」莫屬。此產品的製造商蘋果公司，其商業策略是，一邊控制商品的種類，同時集中資源在幾個具有代表性的產品上。像這樣**把自己的強項推升到一個極致**，結果公司成長達到世界上屬一屬二的大企業。

《孫子兵法》上也說，想要以寡擊眾大獲全勝，就應該在各個戰爭上，將兵力集結起來，集中火力迎戰敵人。舉例來說，假設敵人和我方各有一百名士兵，如果我方的布陣嚴密集中，敵人就只好將一百人分散配置。因此，如果我方用一百名士兵，去攻打敵人兵力薄弱不足的地方，則一定能突破重圍、一舉攻下。

把勞力集中在不讓步的「點」上 讓談判處於優勢

像這樣，將我方的「火力」集中，謀求一舉命中，這點應用在商業上也是一個很有用的作法。假設在競賽上，對方的負責人有好幾位。因此，如果自己的簡報發表是想要做到面面俱到、受到對方所有負責人的喜愛，那麼就有可能導致「自己的火力分散」。與其這樣，**還不如只顧「吸引關鍵負責人的目光」**，**至於其他人，只要讓他們有感動到就好**。用這樣的作法來發表簡報，絕對能提高策略的突破力道，以致大獲成功。

此外在進行談判時，也是一樣。與其提出東扯西扯的主張，還不如先決定好「唯一不讓步」的一點才去談判，比較容易突破談判僵局。這是因為，能夠**集中全力，為唯一不讓步的主張求得順利通過作準備**。

在資歷養成上可以說也是同樣的道理。與其廣泛涉獵不同領域，還不如集中在一個領域上，向下扎根，目標是成為此領域的專家，這樣才比較有成效。

熟知以寡取勝的方法吧

如果是在同一個戰場上作戰，規模大的一方較有利，這是理所當然的。那麼，就在戰法上下功夫，熟知「以寡取勝」的方法吧！

須知1 集中勞力

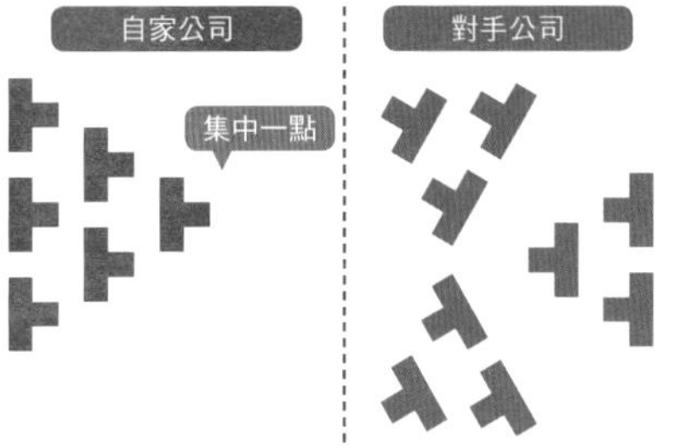

越是大企業，拓展的領域也越多，因此勞力也會因分配而分散。雖然在規模上敵不過大企業，但如果集中勞力在一個領域上，則靠著不輸給大企業的火力，也能和大企業競爭。

須知2 別讓人察覺到我方目標

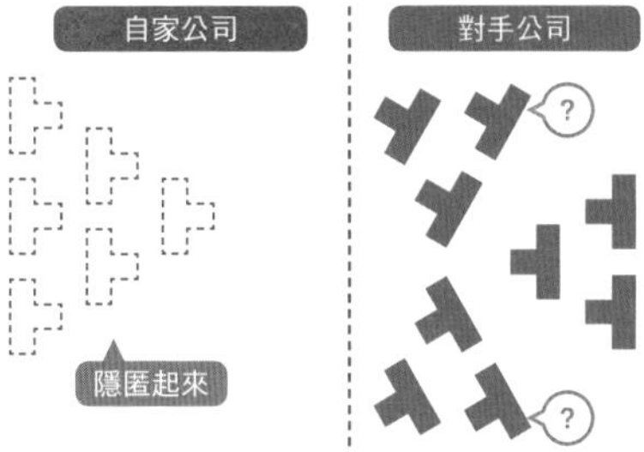

雖然集中勞力在一個事業上了，但如果自家目標被對手識破，對手就能制定策略因應。總之，隱匿自家公司的目標，讓對手的勞力分散，這就是勝利的祕訣。

集中火力對資歷養成也有效

擁有卓越一技之長的商業人士，才是受企業青睞的人才。工作資歷養成上，尤其在換工作上，集中火力於一點是有助益的。

✕ 稍微具有各種領域的工作經驗

只有「半瓶水」的實力，
沒有吸引企業的專長……

○ 特定專長達到業界權威的程度

雖然專長不廣泛，
但肯定會有企業青睞！

6 千萬別依賴成功經驗！

原文

形兵之極，至於無形。無形，則深間不能窺，智者不能謀。〈虛實篇〉

以彈性思考 解讀對方的需求 提高顧客滿意度

在賭上生死的爭戰上，最重要的事情之一，就是彈性。《孫子兵法》上說，不拘泥既定陣形，配合敵陣，變化自如地布陣，若能如此，就可以確實獲勝。

無論什麼工作，經常以指南手冊掛帥，只能墨守成規地遵循，如此一來，工作就會進行得不順利。因此在某種程度上配合**顧客或生意上的客戶**，這樣有彈性地處理工作，是必要的。

生意上如果能展現出我方對對方妥善處理的能力，在交易上就能處於優勢。在這種情況下，彈性地應對，不僅配合對方，而且**事先在對方的需求上下功夫，捷足先登作好準備**。如果能如此，則顧客的滿意度應該會更加提升。

今日的正確答案 未必也是 明日的正確答案

要達到《孫子兵法》上所說的「無形」，其困難點在於，我們**容易受過去的成功經驗所束縛**。舉例來說，如果有暢銷商品，或是有戲劇性地提高成交率的手法，就總是不想要作改變，對吧？

然而，不管現今多麼熱門火紅的事物，終究都有退流行的時候。尤其是，在流行的循環速度非常快、商業環境瞬息萬變、令人眼花繚亂的現代，**時至今日的「正確答案」，也未必會一成不變地延續成為明日的正確答案**。然而，已經過時落伍了，卻依然不接受這個事實，仍固執地墨守以往的作法，如此一來，只會使「傷口」更加擴大。

不過，話是如此，但也不是將所有一切胡亂改變一通就好。如果累積工作經驗到某種程度，那麼自己的風格就會定型。一旦質疑自己的風格，將會失去自信心。**一邊在成功經驗中，維持八成的成功經驗手法，同時將剩下的二成放在不斷嘗試新事物，從錯誤中學習上**。這麼做比較妥當，不是嗎？

企業趨於死板的4種類型

組織的思維、方針呈現死板僵化，有幾種類型。
要留意自家公司是否有陷入這些狀況。

類型1 對個人表現強烈依賴

工作集中在優秀的人才或管理職的身上， 以至於能幹者和能力不足者之間的落差，不管經過多久都無法縮小。

類型2 一味追求短視近利

目光短淺，只想追求一時的成果，而不看重持續性的成長。由於只有短視近利的個人評價，所以變得不會想為公司付出貢獻。

類型3 「自掃門前雪」主義橫行

只把自己份內的工作做好，其他的事進展如何，是別人的事。做不出成績時，總是把責任推卸給別人。

類型4 對新工作不同心協力

著手新的事物，但得不到周遭人的同心協力。即使去做，但也因徒勞無功而放棄。

要成功最好是「8成維持」、「2成改變」

雖說不要堅持拘泥在成功的經驗上，但莽撞隨便地改變也不好。
自己的風格最好8成繼續維持，2成左右改變。

✕ 不打算改變已經成功的模式……

這是「堅持過去成功經驗」型。雖然這麼做可能不會有嚴重的失敗，但不管是什麼成功經驗，未來都很有可能被淘汰。

△ 將已經成功的模式改變8成！

有接受新挑戰的勇氣固然是好，但有可能遭遇到連過去好的技巧都捨棄掉的風險。

○ 8成狀態維持 2成是新挑戰

從過去的成功中，一邊維持「這麼做就能進行順遂」的部分，同時能接受新的挑戰，這樣才是兩者最好的平衡。

競爭篇

7 歸咎「運氣差」是無法收拾善後的！

原文

凡兵有走者、有弛者、有陷者、有崩者、有亂者、有北者。凡此六者，非天地之災，將之過也。〈地形篇〉

不依賴老天運氣 而是靠自我反省 才能有所成長

《孫子兵法》上斬釘截鐵地說，身為部下的士兵，他們的失敗或士氣低迷、敗退等，**全都是身為上司的將軍之責**。在當時，關於戰爭的勝敗，一般人的觀念是「順應天意，天助神佑，才會獲勝」。總之就是聽天由命，順其自然，又或者說，仰賴運氣的成分居多。在這樣的氛圍下，孫子提出「全是將軍的責任」的主張，極為合情合理，在當時可稱得上是創新概念。

工作上，進展不順，沒有成果，或是產生失誤，這時你會怎麼想呢？**如果你認為是「運氣不好所致」，或許能讓自己鬆了一口氣，情緒變好，但總是這麼想的話，就無法自我成長。**

不找藉口 想想如何改善 試圖改變自己

自己的薪水不漲，或是沒找到自己想做的工作，都歸咎於「不景氣的緣故」。要這樣想其實很簡單。不過，就算你經常哀聲嘆氣地這麼想，也不會有所改變。對全國的民眾來說，面臨的大環境條件應該都是一樣的。就算是不景氣，也會有人成功。把這現實深深地銘記在心，然後非做些改變不可。

如果一切都寄託「運氣」，那麼自己依舊是無能為力。可是，此時如果誠如《孫子兵法》上所說的，**把它想成是「人的問題」，並將不好的地方改正，那麼就可以進展到下一步**。

優秀的主管或成功者們，就算是失敗，也不會把責任歸咎於他人，而且不論處在什麼環境，都會努力讓自己成長，從不懈怠。也就是說，**就算是碰到多麼不講理的事，也不要一開始就先找藉口**。如果養成這個習慣，持續改善自己不足之處，那麼就能夠極其理性地成長，對吧？

招致「失敗」的6種原因

工作進展不順不能全歸咎於運氣。試圖了解6種「導致失敗」的形態，小心陷入這些形態中！

走 大敵當前逃走

對屬下強行提出無理的要求，好比說「戰勝10倍的敵人」，那麼屬下的工作熱忱也會消失殆盡。好好掌握敵我雙方的戰力吧！

弛 精神懈怠

屬下縱有能力，但如果主管沒有統御能力，屬下也會散漫懈怠。從「好好先生」的主管調教中走出來，該收斂的地方就要收斂。

陷 完全陷入

對於屬下「做不到」這點，主管千萬不能嚴加責備而使屬下灰心喪志。該如何才能「做得到」，就和屬下一起想想吧！

崩 自行瓦解

屬下不聽主管的指示而做出逃之夭夭等舉動，團隊就會自我毀滅。密切和屬下進行溝通，提高向心力吧！

亂 混亂一片

主管優柔寡斷，則團隊就會混亂一片。下指令要清清楚楚，切勿含糊不清。也不要忘記，要好好確認指令是否全員皆知。

北 徹底敗北

儘管失敗，但就這樣落荒而逃回去，就真的是「徹底敗北」。設法讓團隊全員都能秉持「失敗為成功之母」的信念。

齋藤派
工作上的創新點子

4

大力推薦知道自己模式的「疏失筆記」

工作上雖然難免會有疏失，但總是讓自己反復犯同樣疏失的人，也令人瞠目結舌，無言以對。如果不想成為這樣的人，那麼首先，**就從將自己所犯的疏失「攤在陽光下」開始做起吧！**

工作內容和犯下什麼疏失，都在筆記本上寫出來。好比說，重要的文件弄丟了，這個時候，試著想出各種可能的原因：是和擺在桌上的其他文件一起處理掉了，還是帶回家之後不見了，又或者是自己移動的過程中掉在什麼地方了……？接下來，針對這個疏失，自己尋求的解決之道也寫下來。利用筆記本，將這些記述積存下來，這樣一來，**自己疏失的模式就會浮現出來。這就是「疏失筆記」**。藉此，可以知道「如果連筆記裡所記載的那些疏失，都不會再犯的話，那就沒問題了」，並且能針對這些疏失制定對策。如此一來，疏失必然會減少，而且能夠以正向積極的態度面對事情。也就是說，「事情結束就算了嗎？」抱著這般不含糊了事的心態，製作「疏失筆記」，努力防止疏失再度發生。雖然這像是在寫檢討報告，但其實和被命令去寫，因而寫出各式各樣內容的狀況，大不相同。**它是在「一定要究明原因，並企圖改善」的積極態度下，去做的事情**。因此，我大力推薦這種作法。

除此之外，仔細想來，**「疏失」也可說是，讓自己的問題點能清楚呈現出來的機會**。企業慎重其事地蒐集來自顧客的抱怨，並設立諸如改善委員會之類的單位，企圖找出客訴的原因並加以改善，以提高顧客的滿意度，這樣的案例屢見不鮮。換句話說，「疏失筆記」就是以個人為單位，去執行這件事。不要認為「一點一點地修正就好」，反而要「謀求即刻改正」，才是重要。

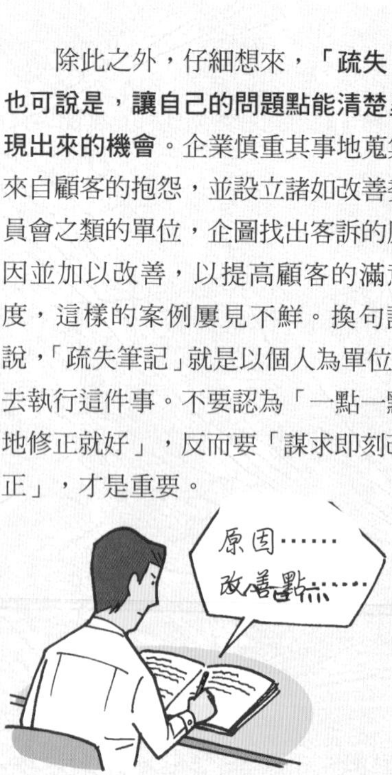

5 章

失敗和補救篇

Failure & Recovery

失敗時的處理和預防

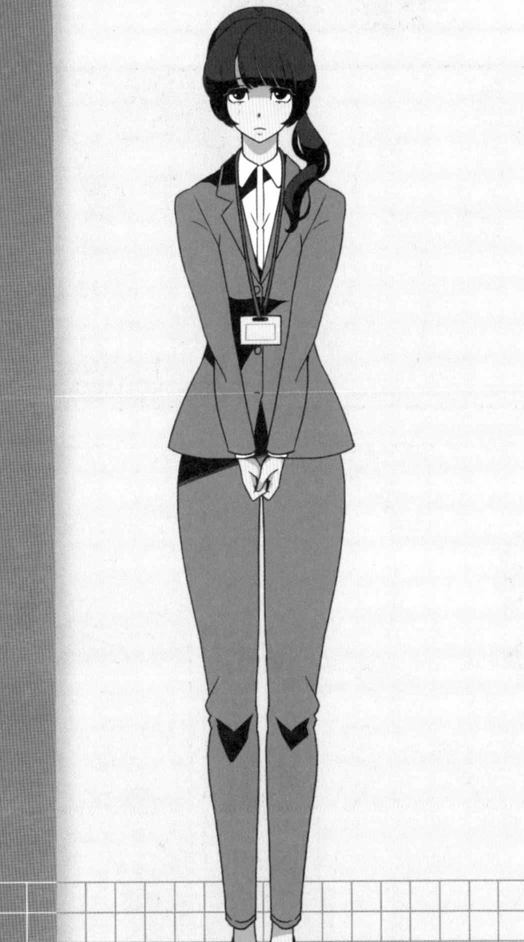

商品企畫二課
儘管如此，滑川部長
對我們課好像有什麼仇恨似的，對吧？
第一次發表會的時候，不也是把我們貶得一文不值嗎？
啊，這個嘛
老兄你還不知道啊
有什麼事嗎？
那個人呀
喀咔
噓
且慢
喂，高津近來可好？
託您的福還不錯

在那瘋ㄚ頭底下工作，辛苦你了
要不要回業務部？
不用、不用
哼！
連計算都算不好的小姑娘，還要作「企畫」
還不早點離職嫁人算了
唉
是沒人要吧
火大
嘻
我們到那邊去
哦，對了，下次高爾夫球賽
呵呵
麻生小姐

為什麼不反駁回去？
算了

孫子兵法

主不可以怒而興師，將不可以慍而致戰。

解釋 國君不可因一時憤怒而發動戰爭，將帥不可因一時的氣憤而出陣求戰。不管是什麼時候都要保持冷靜。

P172 CASE1 任何時候都不動怒保持冷靜！

但…
但是……
我在一課的時候，企畫出來的商品造成損失慘重
這個責任由滑川業務部長擔下來了
所以……
我沒關係的，還是集中精神在企畫上吧
……是！

這次的發表會上，成了有問題的材料是這個吧
雖然計算完全正確，但確實訂價太便宜了
小摩季，你是從技術部的資料中計算出來的嗎？

是的 雖然覺得數字有點奇怪
但幸田先生也說，因為是技術部的數據，所以不會有錯的

原來如此
是這樣啊！

孫子兵法

知彼知己，百戰不殆；不知彼而知己，一勝一負；不知彼不知己，每戰必敗。

解釋 （在軍事上）了解敵方也了解自己，每一次戰鬥都不會有危險；不了解對方但了解自己，勝敗機率各半；既不了解對方又不了解自己，每戰必敗。不怠忽確認「屬下是否向上司彙報具體的情況」。「沒關係」、「正做得好好的」，像這樣該說的話有可能說不出口。

P174 CASE 2 打造不隱匿疏失的環境！

那個時候如果跟我說的話
——不對不對
當時的環境還沒有營造出暢所欲言的氛圍
我也理所當然還不了解小摩季的個性
小摩季如果察覺到什麼，就請儘管說出來
因為我不會生氣，所以請大家也毫不隱瞞地儘管說出來吧！
好的
亮太！
麻煩你去一下技術部，把材料價格的資料調出來
是！馬上去
無精打采
怎麼了？

嗚……
價格資料怎麼也拿不到
怎麼回事？
宮川的回想
技術部
不好意思 請告訴我材料的價格
做什麼用的材料？
嗯……用在企畫中的東西……
被模仿了嗎？
情報漏掉了嗎？
啊
不能洩漏情報，所以先全部給我吧
以最快的速度

情報洩漏，難道是我們這裡洩漏的嗎？
你這麼認為的話，那正好，透過上層重新來調閱！
火一大
哎呀…
你啊……

算了！你再去一次並且道歉

……高津先生可以和我一塊去嗎？
很可怕……

孫子兵法

知天知地，勝乃可全。

解釋 了解天時地利，就可以大獲全勝。掌握工作現場的狀況，就是希望不僅主管，就連現場所有人都能共有共享。

P176 CASE 3
盡量不對失敗動怒而讓人去思考！

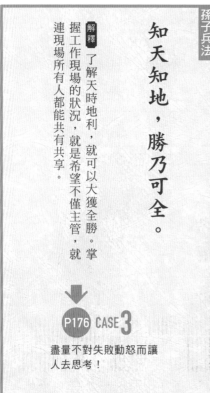

試著釐清一下現在的狀況吧
成本的計算重新來過
需要技術部的材料價格的資料
而你卻多嘴惹火了他們
所謂的「多嘴」是指什麼？
「洩漏情報」這句話嗎？
是啊
那可能是津年武隨口說說的吧
再來，關於材料價格為何再次需要，
我沒有把理由說清楚，這點是我的錯

關於材料的價格還有些疑點
也就是，材料好但價格是不是太便宜了
我全部都了解了！
哦哦！
自己去好好跟對方說明吧！
好
啊
突然停下
不過還是令人有點提心吊膽
沒關係，快去吧！
不管怎樣，還是會令人害怕
就算技術部主任看起來像是和藹可親的大叔

這麼說來
他只不過是到職
第二年……
是不是對他
有點嚴苛了
呢？

孫子兵法

故用兵之法，無恃其不來，恃吾有以待之。

解釋 所以用兵的原則是：不心存僥倖仗著敵人不會來，而是仗著我方有充分準備，嚴陣以待。過分期待，則失敗時的失落感就會變大，被期待的一方其壓力也會變大。

P178 CASE 4 「期待過高」成為一種負擔！

孫子兵法

少則能逃之，不若則能避之。故小敵之堅，大敵之擒也。

解釋 兵力少於敵人，就巧妙地從敵人攻擊的地方撤退，兵力比敵人弱，就避免作戰。所以，弱小的一方若拼死固守，結果就會成為強大敵人的俘虜。也就是說，如果不利面大，那麼也必須要有停止的勇氣。

P180 CASE 5 怎麼看都是強人所難時就撤退！

還是應該跟他
一起去才好
……
但是

我回來了！
回來了啊

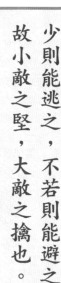

麻生小姐，我取得資料了哦
哈哈哈……
連零嘴也拿回來了
這小孩！
所以……
材料的採購單價雖然沒有錯，
但一旦成為大量買進時的金額，單價就變便宜了
這是和藹可親的大叔告訴我的！
原來如此啊
所以滑川部長才會責備說，這是一般不可能會出現的單價
技術部中原主任……

麻生小姐，這個八卦能派上用場吧
什麼？
中原主任好像是以前擔負起屬下犯錯的責任，
才會降級從業務調到技術部。
←部下
順便一提，那位屬下就是當時還是基層職員的那個滑川部長
能不能讓中原主任站在我們這邊來對抗滑川部長呢
課長您
為何會知道那件事的來龍去脈呢？
這不好說
哎呀
這傢伙違規進入公司內部人事資料庫，所以才會被派到二課來

掩蓋起來不就讓人更想一探究竟嗎？
為什麼沒有遭到懲戒或解雇呢？

因為並不是洩密到公司外部
啊，我已經沒那樣做了

話說回來
中原主任因這次的降職，從順遂的仕途中被淘汰掉
但是他並不氣餒，努力學習，以至於爬到現在的地位

原來有這麼一段啊……

孫子兵法

善戰者，其勢險，其節短。勢如擴弩，節如發機。

解釋　善於作戰的人，他所造成的態勢是險峻的，進攻的節奏是短促有力的。「勢險」就如拉滿弓弦的弩那樣蓄勢待發，「節短」就如搏動弩機那樣倏然。也就是說，懷才不遇的時候就養精蓄銳，累積實力，一旦時機到來，就一口氣把蓄積的實力（蟄伏的力量）發揮出來。

P182 CASE 6 把不得志的「蟄伏」化為力量！

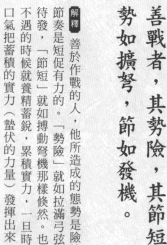

這就是「蟄伏的力量」吧……
被發配到非自己所願的部門的2位員工
囉囉嗦嗦
只會說蠢話的員工
就這樣落魄潦倒
不被擊敗且孜孜不倦學習的員工
能抓住機會復出
這樣說來，我己經告訴主任麻生小姐的事了
啊！什麼？
「好好為產品和公司著想
製作出不錯的企畫來」
他這麼說

他還說「尤其在這次的企畫中，手碰到的部分的質感很吸引人
這點令人滿意。有什麼可以效勞的，請儘管說」
是哦……
下次發表或許可行吧
孫子兵法
超訳！

孫子兵法

兵者，國之大事，死生之地，存亡之道，不可不察也。

解釋 戰爭是一個國家的重要大事，攸關軍民的生死、國家的存亡，不能不慎重周詳地觀察、研究。也就是說，接受沒有勝算的挑戰，就是有勇無謀。

P184 CASE 7 肆意輕率的挑戰為失敗之母！

這並不是有勇無謀的挑戰
成本的計算也重新修正了
新創意概念也無誤
部長攻防對策也搞定

事不過二
這次一定成功！

失敗和補救篇 1

任何時候都不動怒保持冷靜！

原文

非利不動，非得不用，非危不戰。主不可以怒而興師，將不可以慍而致戰。
〈火攻篇〉

任由一時的情緒反應而發飆動怒就會喪失一生受人信賴

《孫子兵法》上說，不要因一時的情緒激憤而發動戰爭，反倒每每要衡量利弊得失，沒有正當的理由，就不應該興兵作戰。

工作上也是一樣。**因一時的情緒，而動怒或對對方採取不合理的行動時，就不會產生好結果**。而且，如此一來瞬間失去的信賴，要想恢復，有的時候就得花費很長的時間，甚至因而斷絕了重要的關係。

除此之外，對周遭人過分施壓，或是自以為了不起地擺架子，這些也都是自己無法控制自我情緒的鐵證。也因為這樣，才難以得到周遭人的幫助與合作，以至於工作上出現重重障礙。

工作順遂的人表示能客觀判斷自我狀況之人

想要面對工作時不帶情緒化地處理事情，那麼就必須具備一項戰略上的判斷，那就是**「客觀地了解自己現正所處的狀態」**。

舉例來說，演藝圈是個會讓人大起大落的行業，在這行裡，獲得金鐘獎的搞笑藝人，第二年也可能被大家遺忘，這種情況也是家常便飯的事。其中，也有人只不過是因為表演稍微賣座一點兒，就表現出傲慢無禮、要大牌的態度，情緒化且出言任性。在這情況下就不難想像，這種人會遭到如潮水退潮般的眾叛親離，被晾在一邊，乏人問候。如果想在這環境存活下來，前提就是，**不管對誰，言行舉止都要和藹可親、謙虛有禮，這點可說是合情合理**。

在工作上，難免會有令人生氣的事，也會遇到有人不懂人情世故。因為這樣，就表現出情緒化的反應，那就不叫「專業」。**與其以自我內心感覺為中心，還不如先以工作的成功與否為優先考量，不管遇到什麼狀況，都能做出成果，這樣才稱得上是「專業」**。

優先理性用事而非感情用事

雖然知道理性判斷是很重要的，但遇到事情進行不順的時候，
就宛如「腦袋充血」，容易作出感情用事的判斷。

感情用事時工作就會進行不順

計畫
↓
實行
↓
發現意料之外的
事態或重大失誤

以感情作判斷時

當場倉促著手修正眼前的失誤。

只是驚慌失措且無法作出正確的判斷。

▶ Bad……
挽救失敗
或是
損失擴大

以理性作判斷時

致力於分析失誤的原因和掌握狀況。

視必要情況作出「投入其他人力」等判斷。

▶ Good!!
挽救成功
或是
能把損失降到最小

做到不感情用事的須知

須知1 不要只靠自己判斷 聽聽周遭人的意見

有的時候，當局者不管怎樣都難以冷靜作出判斷。聽一聽經驗老到者、專家，以及更接近現場之人的意見。

須知2 只靠能轉化成數據的東西來思考事物

把感覺、經驗法則等從腦中拋出一次，只盯著數據，這樣就容易冷靜地作出判斷。不過，在作判斷時，擁有正確理解數據的能力也是必要的。

2 打造不隱匿疏失的環境！

原文

知彼知己，百戰不殆；不知彼而知己，一勝一負；不知彼不知己，每戰必敗。〈謀攻篇〉

「知彼」固然重要但更要緊的是要先「知己」

我想《孫子兵法》上的這段話的開頭兩句，尤其是無人不知無人不曉的名句。

不過，一般人容易把焦點放在「事先了解對方，非常重要」這點來用，但事實上讀了這段話的下文，就會知道**孫子更強調「不知己」的部分**。因為《孫子兵法》上說，即使不了解敵人，但如果了解自己，勝負機率的可能各半；可是，如果不了解自己，那麼每次作戰必定全盤皆輸。

如果沒有**正確地掌握到自己的實力到達什麼地步**，那麼本來要和敵人作比較的指標就會出現偏差。如此一來，再怎麼分析對手，都無法比較出正確的戰力。

組織想要正確掌握自己的實力就非得情報共享不可

對於自己的評價，通常不知不覺容易放寬標準，甚至容易高估。但在商業上，了解這點之後，就應該盡量**警惕自己，並且一邊採納他人意見，一邊客觀地進行評估**。

進一步來說，把組織或團隊視為一個單位時，可以說也是同樣的道理。儘管它的規模越大，越難以看到各個判斷和行動的內容，但**不透明的部分越多，才是更加會導致遠離「知己」的境界**。

舉例來說，假設屬下犯了某個疏失。就他來說，如果向上報告此事，顯而易見地對他的評價就會降低，因此盡可能隱瞞不報。但有關這疏失的情報，一旦無法共有共享，則它就成了組織存在的弱點。要**組織或團隊「知己」，就必須要有能共有共享情報的機制和建立相互信賴關係**。

用「周哈里窗」分析自己

如你所知，事實上，你不太了解自己。
有時自認為自己是「能幹的人」，可是在別人眼裡，卻不這麼認為……。

什麼是「周哈里窗」？

這是美國社會心理學家喬瑟夫．勒夫（Joseph Luft）和哈里．英格拉姆（Harry Ingram）提出來的模式，是將兩人姓名的發音組合起來，故稱為「周哈里」。這套模式用以思考將自己公開到哪裡、隱藏到哪裡、溝通順利進行的方式。

〔周哈里窗〕

	自己知道	自己未知
他人知道	I 開放我（open self）	II 盲目我（blind self）
他人未知	III 隱藏我（hidden self）	IV 未知我（unknown）

I 開放我

是指自己知道而他人也知道的自己。簡單來說，就是指「公開自己」的部分。

II 盲目我

是指別人知道，但自己沒察覺到的自己。也就是，因自己不自知，所以難以修正的部分。

III 隱藏我

別人不知道而只有自己知道的自己。簡單來說，就是指當成祕密藏起來的部分。

IV 未知我

是指別人和自己都不知道的自己。雖有可能是「潛能」，但也有可能是「沒必要的部分」。

如何避開「盲目我」的危險？

「盲目我」是任何人都會有的部分。但如果自我評價得太美好，自認為是「能幹之人」，那就太危險了。把握住以下重點，「盲目我」將可望消失。

POINT 1 打造能互相表達自己想說的話的職場

無關乎立場地互相留意缺點，這樣的工作環境是理想的。有的時候，在閒談中可以獲知該注意的地方。首先就從打造易於閒談的環境開始吧！

POINT 2 利用電子郵件積極進行彼此意見交換

有時當面很難開口，但用電子郵件卻很容易表達自己的意見。多虧他人提出工作的反省和改善點，由此才能了解別人對自己的看法。

盡量不對失敗動怒而讓人去思考！

原文

知天知地，勝乃可全。〈地形篇〉

蒐集廣泛的資訊在組織內擴展開來並且形成共識

把《孫子兵法》上的這段兵法應用在現代的工作上來看，就可解釋為「有關社會狀況、經濟狀況、流行趨勢等**自己工作以外的狀況，都能事先熟知的話，就難以變得一敗塗地」**。

在《孫子兵法》問世的時代，這些資訊都是由領導高層彙集，並下判斷。可是，現代的公司組織更加複雜地分工，要求每個人對自己的任務自行判斷來行事，是常有的事。

上司和屬下如何共有共享周邊的資訊，並以這點引導出來的行為倫理規範作為基礎，且能夠在這基礎下行事，這就是組織能否保留成果的關鍵。

然而，有的時候，同仁的共識怎麼也無法凝聚，導致錯誤的發生。如果是資歷淺、經驗不足的新人，不管怎樣都很容易因這種狀況下產生的「誤解」而犯錯。

讓當事者自己去思考，藉此轉敗為「勝」

世上沒有從未失敗過的人，也沒有從未發生過失誤的組織。重要的是，發生失誤時的應對處理。「一邊容許某種程度的負面出現，同時如何把失誤降到最低」，可說是重點所在。

假使屬下發生一個失敗時，光就這個失敗加以斥責，並且只靠主管自己來修正，這樣一來組織並不會成長。重要的是，**要讓當事者自己去思考失敗的原因，以及因這失敗所造成的現在局面**。

舉例來說，假設因應對的失誤而惹得客戶大發雷霆。因此，首先，聽一聽屬下對於「為何客戶會生氣」的想法，接著問問他「現在的狀況和該如何處理這個局面」。如果發現屬下對此的回答搞錯了重點，就有必要告訴他正確答案。不管怎樣，讓屬下**透過動動腦的思考，深入了解狀況，就不會反覆犯同樣的失敗**。從相反的立場來看，透過這種作法，屬下甚至會連失誤的原因都毫不隱瞞地和上司共有共享，也因此逐漸能自己思考處理的對策。

要讓很棒的資訊共有共享的須知

不論是什麼公司都會提及資料共有共享的重要性。
不過，總是進行得不順，不也是實情嗎？

須知1 只裝設載具不能令人放心

坊間充滿各式各樣工具，例如：支援業務的配備、公司內部的社群網路服務、群組軟體等。這些工具的存在似乎都證明了資訊共有共享的重要。然而，只有外表呈現資訊科技化是毫無意義的。要讓大家都能使用的訣竅是不可或缺的。

須知2 對發送出來的訊息確實回覆反映

發信人傳送有用的訊息，但無人對此有回應，那麼持續不斷地傳送，會覺得無趣，逐漸就會離開群組。所以，建立傳送感想或意見的機制吧！

須知3 省略沒用的資訊只傳輸必要的資訊

一旦收到一堆和自己無關的資訊，就會搜尋不到真正必要的資訊，因而脫離群組或是不看訊息。因此，盡量只傳送必要的資訊吧！

須知4 養成「報、連、相」的習慣以期能向上呈報失誤

雖然不想將失誤向上呈報，但損害擴大後才發現，就來不及了。所以，打從平時就密切溝通，養成「報（報告）、連（連絡）、相（相談）」的習慣吧！

「期待過高」成為一種負擔！

原文

故用兵之法，無恃其不來，恃吾有以待之。〈九變篇〉

過高的期待只不過是一廂情願沮喪和憤怒的根源

《孫子兵法》上說，不是指望著敵人不會來，而是必須仰賴我方有充分準備，嚴陣以待。

這段話稍微廣義解釋，就能領悟到：**不要過分依賴對方，不要期待過高，應該盡可能靠自己的力量來解決事情**。《孫子兵法》在作戰上，始終貫徹「**徹底屏除一廂情願**」的態度。

吉田兼好的隨筆作品《徒然草》中也寫道：「萬事皆不足恃。愚人則以深為信賴，故而致怨怒。」也就是說，一旦對人過分期待，當這想法遭到背叛時，其沮喪和憤怒就會變嚴重，所以最好不要對人有過分期待。

不要隨便強加於人 冷靜地洞察出對方的能力

舉例來說，在足球比賽時，背負著粉絲期待的選手，在重要之處沒得分而輸球，因而失掉冠軍。這選手在此之前的好幾次比賽中都表現得非常活躍，成了隊上的得分王。儘管如此，但因這一次的失誤，評價一落千丈，就被貼上「機運很背」等標籤。足球世界一般是如此，但就算是這樣，這番評價也稱不上是公正合理。

工作上也一樣。**要作出公正合理的評價，一開始對當事人的期待值就不宜過高**。對只有十分實力的屬下，要求他做到三十分的成果，這對當事人來說成了最大苦惱的原因。重要的是，冷靜地洞察看出屬下的實力。如果屬下擁有十分的實力，就鼓勵他把「實力擴增到十二分」當作目標。

隨便強押不合理的數字，要求屬下達成成果，在這種情況下是無法作出公平合理的評價。話雖如此，但如果採取放任主義，屬下也一樣不會成長。所以，還是必須配合每個人的能力，分派適當的工作量。

「期待」是經過仔細思考的

「期待」這件事有優點，也有缺點。
是看透對方的稟性而賦予期待，還是不然，這要有所區分。

對對方有期待

優點

- 被期待的一方奮發圖強「努力達到期待」。
- 對於期待什麼有明確指示的話，就不會受動搖地進行工作。
- 產生信賴關係，關係變得更緊密。

缺點

- 期待越大，失敗時的沮喪就越發劇烈。
- 即使還算成功，但比期待值低，所以無法滿足。
- 被期待的一方有時會感到有壓力。

對對方不抱期待

優點

- 事情進展得不如自己所預期，也不會沮喪。
- 不會給對方帶來壓力。

缺點

- 對方感覺到「不被信任」。
- 工作的成果幾乎全憑對方的付出。

有所期待時的鐵律

對對方有所期待時，也要設想會有失誤或失敗的發生。
事前謀定對策，就不會產生不必要的沮喪。

思考降低風險

避免意外發生的對策，好比說「一而再、再而三地進行檢查」等；就算意外發生也不會造成損害的對策，好比說「在日程表的安排上留有餘裕」等；就算造成損害也能將損失降到最小的對策，好比說「認真做好資料的備份」等。舉凡上述的這些對策都要事先謀定。

摒除一廂情願

對他人有所期待時，很容易作出迎合自己需求的預測。要掌控他人的行為，是一件非常困難的事。避免只是交辦他人而自己完全不管，事後才來責怪他人說：「這不應該是這樣的！」總之，密切地收到進度報告，是必要的。

怎麼看都是強人所難時就撤退！

原文

少則能逃之，不若則能避之。故小敵之堅，大敵之擒也。〈謀攻篇〉

一度避開強大對手將傷害降到最小

越不服輸的人，越容易在處於劣勢的時候燃起鬥志，企圖進攻。不放棄的意志確實很重要，但經常「奮不顧身強行往前衝」的情況下，有時也會身負重傷。

《孫子兵法》上有言：兵力如果少於對手，就要逃離那個地方，如果看出怎麼也敵不過對手的樣子，就要避免發兵作戰。換句話說，明明很弱卻硬要逞強作戰，只會遭到慘敗收場。

如果能夠克服眼前的困難，就會有所成長。不過，以現在自己的實力，**硬要勉強一直挑戰過於強大的對手或過高的門檻，就會讓自己消耗心力，總有一天內心受挫而承受不住**。所以，明顯敵不過的時候，就要迅速撤退，最後才能將傷害降到最小收場。

把優點和缺點放在天平上衡量並具備撤退的勇氣

然而，在商業上，「錯過撤退時機，結果只有負債一點一點地累積增多」，這樣的案例永無止盡。其中，因此而破產的企業，時有所聞。

也就是說，一旦自不量力起步的企業，很難堅持到取得相對成果的時候。在此之前所付出的成本和時間，甚至**「繼續下去會變怎樣」這種一廂情願的期待，會是妨礙果決作出「撤退」的決定**。

只是，也如《孫子兵法》所述，在明顯會是一場「敗仗」中，不論停滯不前多久，最終都只會損失慘重。附帶一提，像這樣不作出「撤退」的判斷，是因為沒有人願意承擔責任，就只好把問題擱置延後。這種情形屢見不鮮。

商業上重要的是，把優點和缺點確實地放在天平上秤一秤，**如果明顯傾斜於缺點，那麼，提案者自己就乾脆果斷地撤退**。

這個時候逃離反而是勝利

雖然有氣勢，但並不是想挑戰什麼都可以。
衡量自身的能力之後，有的時候撤退也是必要的。

狀況 1 要應付的對手太過強大時

有挑戰精神固然很不錯，但是，一旦無法正確評估困難和自我的能力時，就只有耗盡自己的體力，最後只留下痛苦的經驗，成長也無望。

狀況 2 以自己的能力怎麼也辦不到時

一旦持續工作超過極限負荷之後，有時就會內心受挫，無法東山再起。事先知道自己的能力和極限，避免有勇無謀的作戰，以防體力消耗殆盡。

設定逃避時的判斷標準

雖說「逃避」也是尋常之事，但什麼都逃避，工作就做不成了。
掌握優、缺點，設定好屬於自己的標準吧！

優點＞缺點

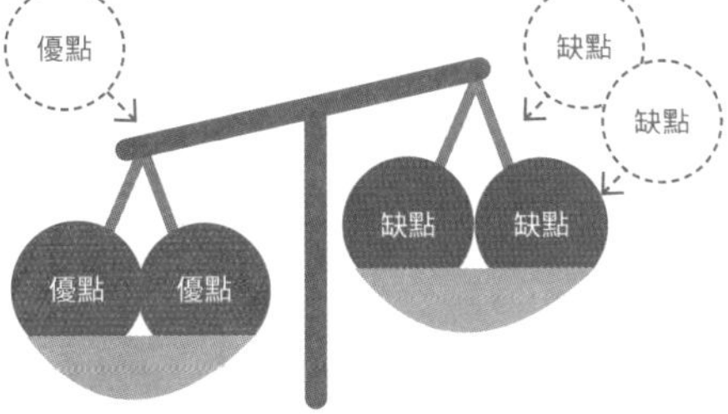

試著調查「提升消費力」等優點和「成本的花費似乎會超出預估」等缺點吧！比較之後，如果優點大於缺點，就沒有必要逃避。

優點＜缺點

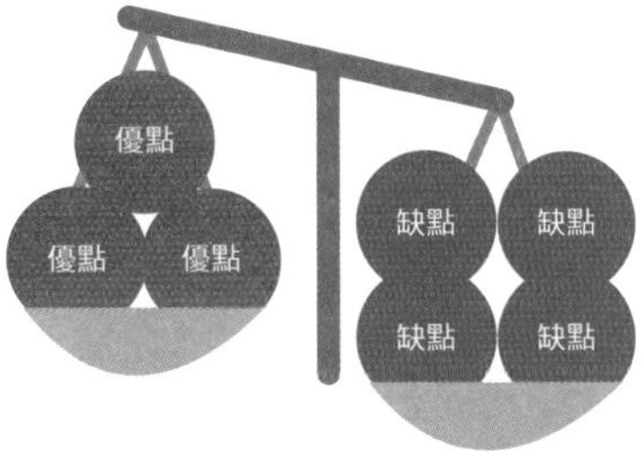

如果缺點大於優點，那就撤離。如果抱持著「或許會變好也說不定」的這種想法，那麼就會陷入挽救不回的局面。趁傷勢不重的時候快逃離吧！

把不得志的「蟄伏」化為力量！

原文

善戰者，其勢險，其節短。勢如擴弩，節如發機也。〈兵勢篇〉

猶如拉滿弓一般 蓄勢待發

《孫子兵法》上說，善於作戰者，他所造成的態勢，就如同滿弓待發的弩那樣蓄勢，進攻的節奏，就如同搏動弩機那樣突然，瞬間發揮蓄積的力量。反倒是經常分散兵力作戰者，只會讓小衝突持續很長時間。

人在不得志的時候，盡可能地保存兵力，等待時機，在關鍵時刻，使其集中火力，一觸即發，藉此在戰爭中能夠大獲全勝。

在工作上，並非總是一帆風順。例如，因突然收到不如預期的人事變動通知、上司和屬下合不來、後浪推前浪般被後輩超越等情況，因而長期處於失意的狀態。這時，若只是意志消沉，一味地埋怨，也不會有所改變。

逆境才是機會 蓄積知識和能量 磨練自己

在不得志的時候，才更應該針對下次機會，備好累積的實力。**在蟄伏中，很容易產生「將來有一天一定要逆轉勝」的強烈意志**。將此意志化為一股「蟄伏的力量」，將它累積起來，一旦時機到來，就能發揮爆發力。處於蟄伏狀態的時候，建議大家要**徹徹底底地著手「學習」一項事物**。

若是選擇讀書的話，在短期間內，把一位作家的作品深入研讀十本以上。若是學習英語的話，則把聽力教材仔細聆聽數百次。如此一來，埋頭栽進一項學習中，達到渾然忘我的地步，也能藉此讓人轉移負面情緒，還能在短期間內，累積深厚的學識。接著，知識成為自己的血肉，在下次的機會中，也成為發揮自我實力的力道。總之，**不得志的時候，也可以說是吃苦當作吃補，磨練自己的機會**。像這樣累積自己的實力，機會來臨時，瞬間火力全開，若能積極達到「發洩以往積怨」的作用就好。

蓄積「蟄伏的力量」吧！

做什麼都進行不順的時候，才正是蓄積力量的契機。
以積極的態度面對，不要墮落消沉。

蟄伏的力量為什麼很厲害？

想受肯定的心情轉化成力量

感覺到「自己應該有才華卻沒獲好評、在社會上沒有得到合理恰當的評價」，於是把「想受人肯定」的渴望轉化成力量。不墮落消沉地認為自己是沒用的人，而是以積極正向的心態，專心去做每一件事。

韜光養晦的機會

懷才不遇的時候，把多的時間和精力投入自我充實上頭，就會變成實力的泉源，變成血，變成肉，也變成跳脫逆境的原動力。

有爆發力和持續力

在逆境期間累積的知識，在脫離時會產生非常大的爆發力，而且一旦累積起來的知識沒那麼輕易消失。一旦點火，就會持續不斷燃燒著。

「量」的累積產生「質」的變化

舉例來說，在短期間內，讀完同一位作者所著的十本書以上，幾乎徹底成為「某某通」，這時就會感覺到好像這號人物的靈魂上身。像這樣產生從「量」到「質」的變化，並能達到「一技在身」。

透過蟄伏展現大力量

曾經蟄伏過的人

- 真的會遇到自己想做的事。
- 知道運用自己才能的方法。
- 成為充滿魅力的人物。

未曾蟄伏的人

- 很早就自我放棄，沒有挑戰精神。
- 看貶自己。

肆意輕率的挑戰為失敗之母！

原文

兵者，國之大事，死生之地，存亡之道，不可不察也。〈始計篇〉

能降低風險者才能成為偉人

在述說古今中外那些被譽為「名將」之人的故事時，都會舉出「他成就了什麼豐功偉業」來給予評價。把將領替換成經營者，可以說也是一樣的道理。只是，在這個選擇中，他們可以說**正因為避開風險，駁回許多不好的提案，才能夠生存下來成就豐功偉業**。

從《孫子兵法》中，應該領悟到，發動戰爭是國家的一件大事，不管是戰勝或是戰敗，都是深切地攸關國民生死存亡的行為。正因為如此，所以兵法告誡我們，盤算得出確切的勝算之後，謹慎果斷地作出決斷，是非常重要的。

總之，這也意味著，在背負著國民性命而戰的情況下，不僅要掌握有利的一面，也要掌握到不利的一面。當不利的一面大於有利的一面，就不能輕舉妄動。

與其輕易挑戰 更應該了解不利的一面 謹慎地作出決斷

當一個企畫或專案展開進行的時候，總是容易只強調有利的一面。在發表會上，積極正向的資料總是先攤在前面，這是基本原則，這麼說不為過吧！

但是，如果是這樣的話，那麼想再更進一步往前進行時，**由於當初漏看太多不利的一面，總有一天一定會因此而遇上麻煩**，或許看情況，還會讓公司蒙受巨大的損害也說不定。這樣想來，一開始就應該不要隨便輕舉妄動。

舉凡展開什麼事物時，不應該「姑且先做看看，然後才來進行思索」，而是**應該詳細討論，連藏匿在暗處的風險都要明確掌握到之後，才下這樣的判斷：「因優點是勝方，所以做做看吧！」**這樣才是正確作法。

除此之外，在簽訂什麼契約時也是一樣的道理。**確定在這其中最大的風險是什麼，**是非常重要的。了解這點之後，計算正、負面得失，修正有風險的項目，或是判斷契約本身是否可行才好。

熟知風險並加以防備

工作上必定會伴隨風險。「不加思索就進行」和「三思而後行」，兩者的結果大相逕庭。

○「熟悉」風險

由於正確了解風險的大小，所以當事故發生時，就會準備好「將災害降到最低」的事後因應對策，也能夠迅速地決定撤退。

△「不十分熟悉」風險

雖然對突發事故不會慌張失措，但意外狀況發生時，會讓進度落後。重要的是，不要小看風險。

×「完全不熟悉」風險

由於毫無準備因應對策，所以意料之外的事故發生時，完全不會處理。從事商業活動時，「樂觀以對」是最危險的。

對方的風險也要掌握才好

不僅自己有風險，對方當然也有風險存在。掌握著這些風險，才能達到雙贏的地步。

舉例來說，契約在商業中是特別重要的東西。自己在簽約時，含糊不清的情況下不要貿然簽訂。毫無遺漏地過目整個契約內容，看穿最大的風險是什麼，這點非常重要。提交契約給對方時，提醒對方可能會有的風險。如此一來，誠實的態度受到信賴，契約就很容易簽成。

齋藤派
工作上的創意點子

5

情緒低落時利用「跳一跳」來重新振作

我想，「在工作期間，員工無精打采，或是情緒低落」的情況，時不時會發生。**這個時候，建議大家「跳一跳」**。

這個動作在哪裡都可以做。也就是，站起來，反復輕輕跳躍十秒左右。沒有必要大動作地跳起來。此外，一邊「呼、呼」地輕輕吐氣，同時使用護膝，宛如拳擊手跳繩的感覺那樣輕微地跳起一到二公分。動作要領在於，肩膀放鬆，一邊搖動肩胛骨和雙臂，一邊放鬆上半身進行。當肩膀和身體變輕鬆了，低落的情緒也應該會變好許多。

對於一直以相同姿勢做辦公室工作的人，我尤其大力推薦上述的動作。久坐容易出現身體上的不舒服，好比說，橫隔膜的活動變僵硬、呼吸變淺且肩頸僵硬等。藉著跳躍的動作，連橫隔膜也會變舒暢。

此外，對於容易讓人緊張感上升的場合，例如，要面對眾人進行發表之前或是談生意之前等，「跳一跳」的動作也很有効。在進入會場的前一刻，一邊想著「一定會進行順利」、「我一定辦得到」，一邊跳一跳。這樣做也是不錯的。

從生理的角度直搗精神上的問題，這種方法是一流的運動選手也採用的手段。「情緒低落時就跳！」把這句話當作標語般，牢記在心，一想到的時候就做做看吧！在做的同時，順便把「船到橋頭自然直」、「太陽依然會升起」、「沒有停不了的雨」等**積極正向的詞句，當作咒語般念誦著，效果會更好**。

對於積極進取的人或有工作企圖心的人來說，工作自然而然就會找上他們。和這類的人一起共事，自己會想盡量成為有工作衝勁的人。和消極的人或只耽於做一般文書庶務性工作的人一起共事，就會感覺到精力好像都被耗蝕掉。總之，自己成為積極進取且有工作企圖心的人，連帶地周遭的人也會受到感染。

6章 團隊篇

The team

打造更強的團隊！

之後
二課的企畫順利發表通過
人気No.1
満足度
瞬間成了西東電機的熱銷商品
銷售蒸蒸日上耶
下次的企畫拭目以待
加油喔
商品企畫二課
我們也別輸給二課了！
太好了！
大家早

早ー
在那之後，推出熱賣商品的二課大幅增加新進員工
喀答
喀答
喀答
在公司內部也成了眾所矚目的課
這次的企畫要怎麼做？
這個嘛……
嗯～嗯
讓我先想想
唉……
說是增員補強，只是增加人頭數吧……
不過，大家好像很高興的樣子…

當士氣低迷時能受到其他人的情緒帶動而振奮起來，這樣也不錯啊

孫子兵法

故善戰者，求之於勢，不責於人，故能擇人而任勢。

解釋　所以善戰者追求有利於己的「勢」，而不是苛求士兵，因此能選擇有用的人才去順應已形成的全局態勢。也就是說，需要發揮團隊精神的工作上，即使有少數能幹的人很活躍，也是無法成為強大的團隊。所以，想想今後如何提高全體成員的工作熱忱，是必要的。

P204 CASE 1
提高成員的鬥志吧！

在某些企業裡，有的員工雇來只是為了提高工作士氣之用
吔！
做得到做得到
是你就辦得到！

從今以後能和你們一起工作，每天都會變得很快樂
女職員增加
↑↑工作士氣↑↑

不過，這不就會變得太鬆懈了嗎？
這傢伙…
如果目標堅定，就沒關係

孫子兵法

一人之耳目也。

解釋 （用金鼓旌旗）統一士兵的耳目，貫徹將領的命令。也就是說，讓團隊成員掌握整體的戰術和自己的任務，這點非常重要。

P206 CASE 2
如何做才能讓團隊的意志統一？

舉例來說，某個汽車製造廠將汽車製造完全分工成各個部門來進行，但是……
負責底盤
負責引擎
有刺
有刺
負責車身
完成？！

像上圖這樣可不行哦
不僅要有相同目標
就算各自做不同的工作
也要要求整體協調一致並能做出成果
為此，你有想到該怎麼做才好嗎？

孫子兵法

凡治眾如治寡，分數是也。

解釋 凡是治理人數眾多的大軍團，就像治理人數少的小部隊一樣，是依靠合理的組織、結構、編制。

P208 CASE 3

組成人少的小組才能提高效率！

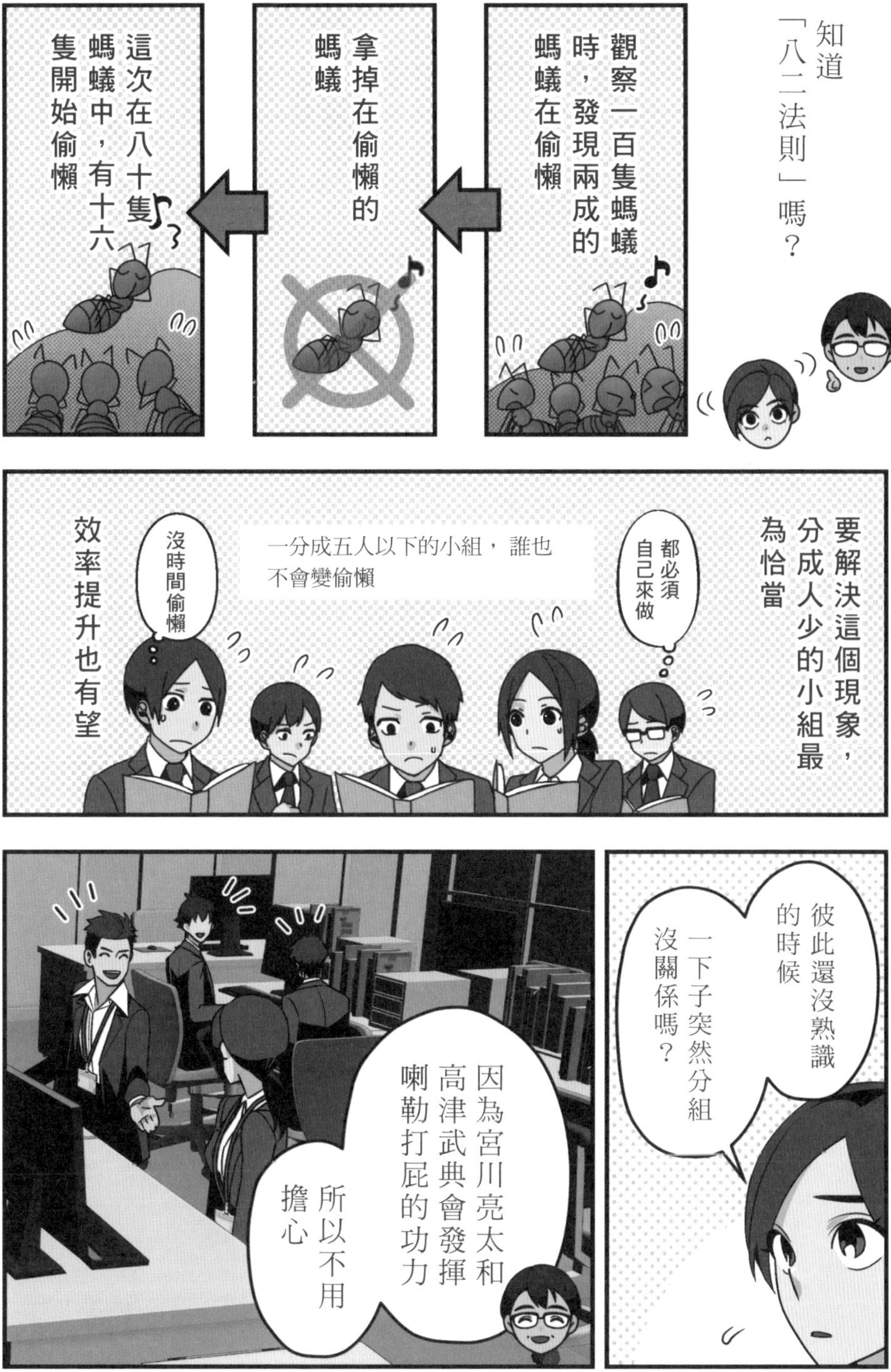
知道「八二法則」嗎？
觀察一百隻螞蟻時，發現兩成的螞蟻在偷懶
拿掉在偷懶的螞蟻
這次在八十隻螞蟻中，有十六隻開始偷懶
要解決這個現象，分成人少的小組最為恰當
都必須自己來做
一分成五人以下的小組，誰也不會變偷懶
沒時間偷懶
效率提升也有望
彼此還沒熟識的時候
一下子突然分組沒關係嗎？
因為宮川亮太和高津武典會發揮喇勒打屁的功力
所以不用擔心

如果是這樣，
那就馬上做
大家聽我
說一下
接下來的企畫分成每
三個人為一組
每組各發表一
個企畫

那……會有排名嗎？
最後一名就被炒魷魚之類
是不會那麼做，不過……
優秀的團隊或許會有什麼獎勵
啪
那麼開始吧！
宮川小組
高津小組
幸田小組
本多小組
似乎進行得相當順利
麻生小姐

因為要開小組會議，所以想借會議室
借是沒問題
不過開會雖是好事，但是……
用會議室來進行冗長的討論，是沒有意義的哦

是這樣吧？課長
正是如此
迅速把大家集合起來，只確認重點，然後一下子就解散，這樣是最理想的作法哦

孫子兵法

故兵以詐立，以利動，以分和為變者也。

解釋 用兵作戰，要善於用計謀迷惑對方，才能立於不敗之地，要判斷是否有利於我，才會有所行動，依戰況變化適時地分散和集中，從而靈活多變地使用兵力。

P210 CASE 4 會議進行得簡短明瞭是鐵律！

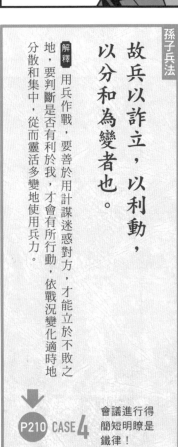

我了解了
7日
喀答
喀答
接下來～
課內部發表會當天

畫一條線
那麼就從宮川小組開始吧
這是什麼啊？
發表完後回答提問之用
孫子兵法
智者之慮，必雜於利害。
解釋 有智慧的人，在考慮任何問題時，必然把「利益」與「損害」兩者一起權衡。也就是說，在開會討論的時候，有利的一面和不利的一面，都應該一併討論。
P212 CASE 5
會議上明確指出「有利」和「不利」
宮川小組的發表開始

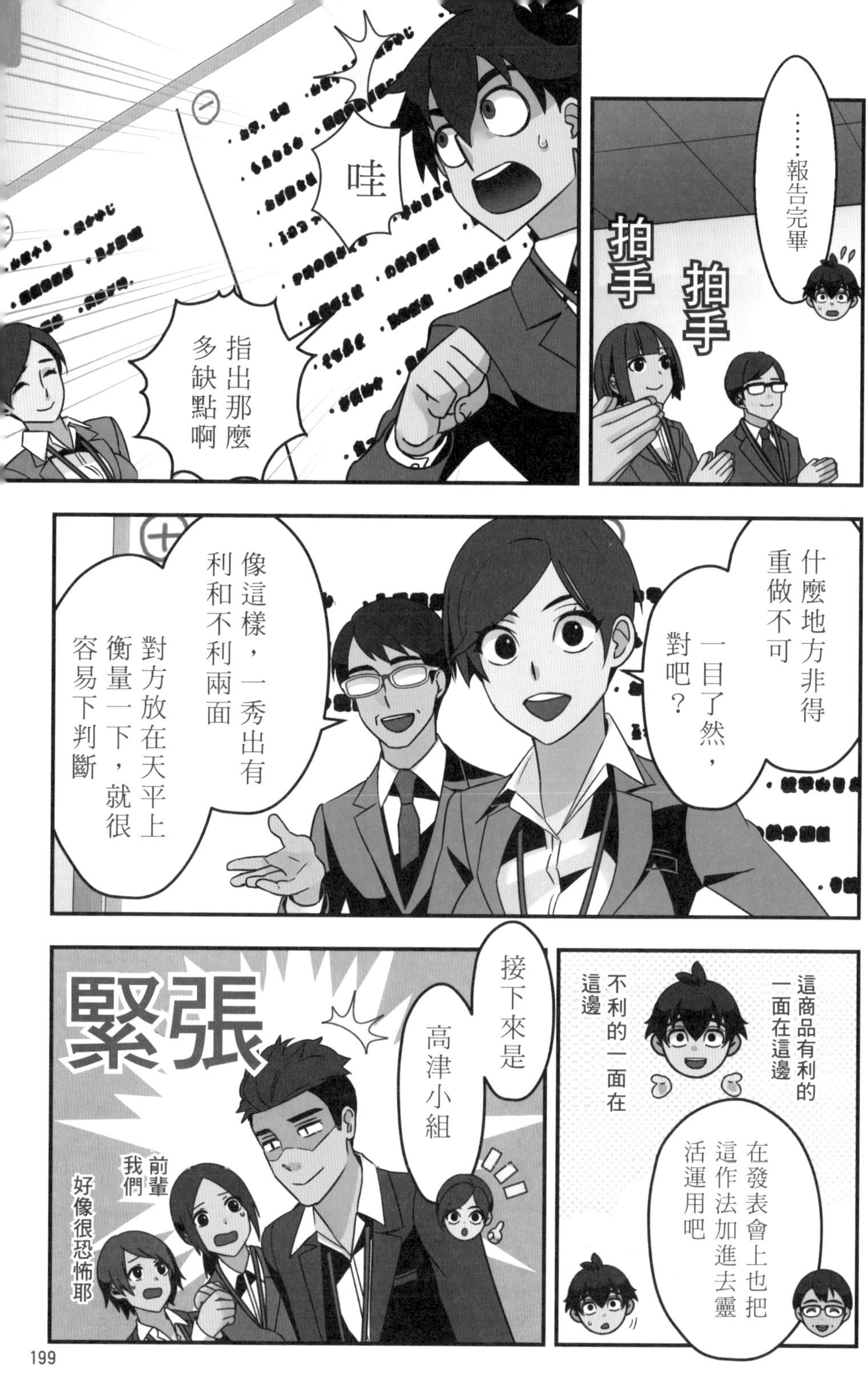
……報告完畢
拍手
拍手
哇
指出那麼多缺點啊
什麼地方非得重做不可
一目了然，對吧？
像這樣，一秀出有利和不利兩面
對方放在天平上衡量一下，就很容易下判斷
這商品有利的一面在這邊
不利的一面在這邊
在發表會上也把這作法加進去靈活運用吧
接下來是
高津小組
緊張
前輩
我們
好像很恐怖耶

在那之後～
新企畫
宮川案
本多案
高津案
本多案
決定

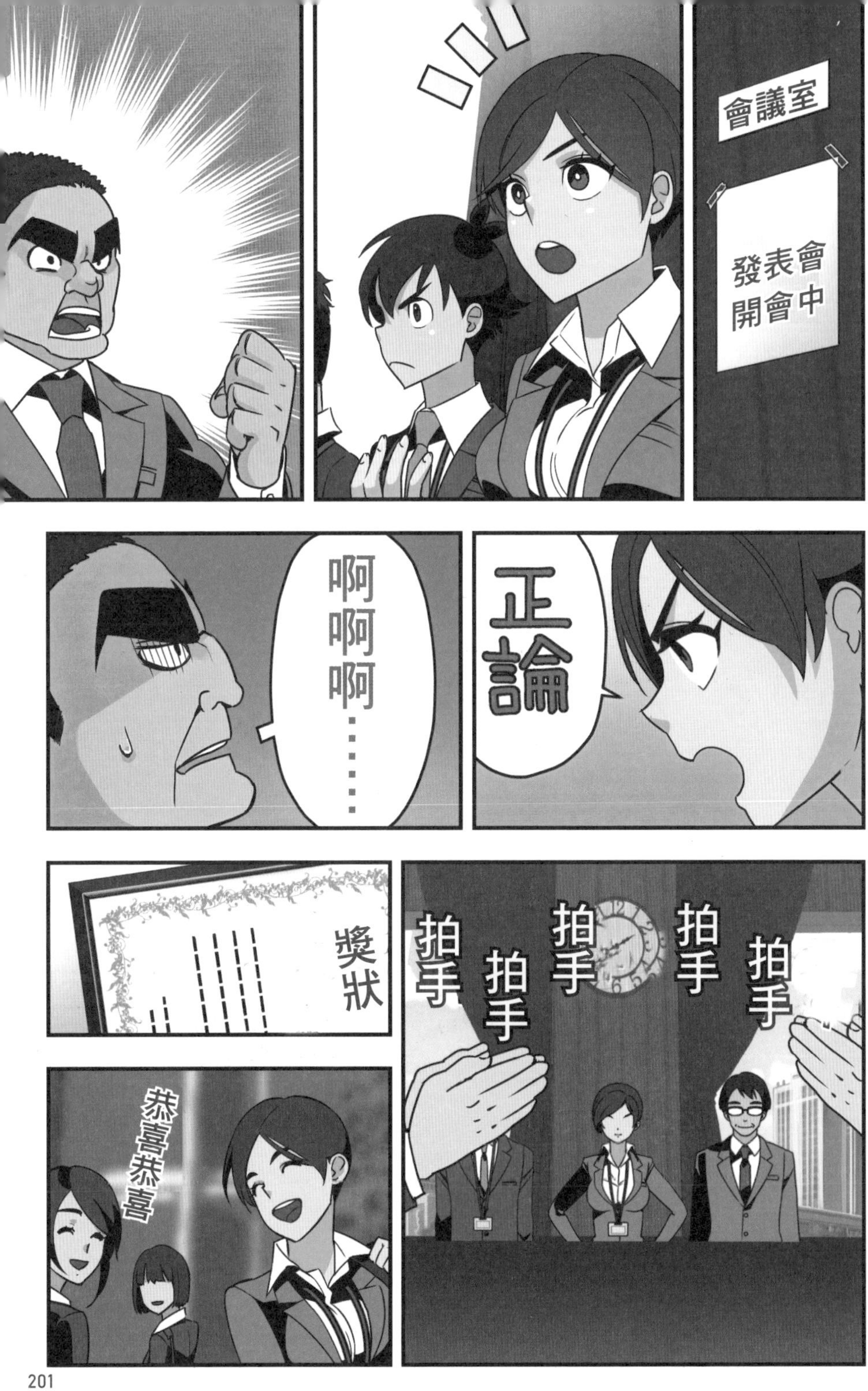
會議室
發表會開會中
正論
啊啊啊……
拍手
拍手
拍手
拍手
拍手
獎狀
恭喜恭喜

今年度企畫課成績
一課
二課
從倉儲部門晉升為常勝軍團
這麼說也不賴，對吧？
呵呵
課長
還談不上是「常勝」，是吧？

孫子兵法

是故百戰百勝，非善之善也；不戰而屈人之兵，善之善者也。

解釋 所以，百戰百勝，不算是最高明；不透過交戰就降服全部敵人，才是最高明的。

P214 CASE 6 了解「不戰而勝」的祕訣

公司內各課的同事都不是敵人
與其說和一課「較量」，還不如說是「相互競爭求進步」的對手關係，較為理想！

微笑

是這樣吧？
正是如此

提高成員的鬥志吧！

原文

故善戰者，求之於勢，不責於人，故能擇人而任勢。〈兵勢篇〉

比起個人能力 更該重視 整個組織的氣勢

《孫子兵法》上說，比起個人的才能，**善於作戰的人更重視的是整個組織的氣勢，因此會用此標準來選用作戰的士兵**，因為這樣才能讓整個軍隊勇猛善戰。

在孫子的時代，軍隊中農民出身的士兵居多。他們當然稱不上擁有高超的戰鬥能力，但是為了率領這樣的士兵在作戰中取勝，或許要能夠搭上**「氣勢」的推波助瀾才行。再說這個「氣勢」，不是仰仗個人的才華，而是選用鬥志高昂的士兵，並將他們組織起來，才能夠操控出來的。**

換成現代的組織企業來看，這套理論也照樣可以適用上。組織陷於停滯不前的時候，才更需要營造「氣勢」，提升活力，打破現狀。

不能提高全員士氣 和團結一致 就無法發揮組織力量

要發揮一個組織的力量，團隊精神是非常重要的。但是，團隊的組成分子，無疑是從農夫到一夫當關萬夫莫敵的武將都有，並不是每個人都會做同樣的事。不管有多麼優秀的人才存在，只靠孤軍奮鬥是造就不了強大的團隊。**重要的是，並非僅僅只是仰仗那些優秀的人才，而是設法讓缺乏戰鬥力的成員搭上「氣勢」的順風車，做到團隊全員都士氣高昂這件事。**

而最有立場應該像這樣管控「氣勢」的人，正是團隊的領導者或主管。然而，組織的規模越是龐大，他們靠個人力量能做到的還是有限，果不其然各個成員的意志變得非常重要。至少必須避免讓自己的士氣低落。

只是，事實上讓團隊的士氣低落的，多半是認為「自己屬於中間階層，士氣不高也不低」之人。這**類型的人應該感覺不到團隊士氣的低落，而且還會心存懷疑：「難道自己有責任嗎？」**

提高士氣的三大要素

「氣勢＝士氣」，是工作上不可或缺的要素。
善用心理上的作用，以期達到活化團隊吧！

1 目標的魅力

是指「多年來想嘗試的工作」、「做成功就會加薪」等，諸如此類的目標或是薪水產生出來的吸引力。是否覺得是魅力，則因人而異，所以應提出迎合當事人的吸引力。

提升1的 2項心理效果

掌舵的效果

它是顯現「這並非只是主管個人的事」、「這工作具有什麼意義」等高層目的的作法。這作法對整日忙於枯燥工作的人非常有效。

感謝的效果

它是顯現「現在正在做的工作對誰有幫助」、「對社會、顧客、自家公司等會有多大貢獻」的作法。這作法對分擔去做分工細微工作的人非常有效。

2 達成的可能性

是指「如果是這樣，似乎可行」、「似乎可以到手」等，諸如此類真正感覺到：「如果努力的話，似乎就能夠達成。」如果太難達成，反而會成為反效果；也就是，一開始就會先入為主地認為「反正是做不到」，故而放棄。

提升2的 2項心理效果

里程碑的效果

它是把達到目標的進程距離用數據或成績形態呈現出來的作法。透過一點一點地達成，「可能會實現」的感覺就變得愈發強烈。同時，也要檢驗達成的程度。

回饋的效果

它是周遭的人和主管對當事人施予評價的作法。能透過別人指出自己一人未注意到的地方，並且加以修正。重要的是，必須告知屬下正、負兩面。

3 危機感

是指「不做不行」、「只有去做，別無他法」等，像這樣對失敗的恐懼感。如果挑起危機感，成員的力量就會被激發出來。不過，必須留意：到頭來只是讓成員精疲力盡的情況也有可能發生。

提升3的 2項心理效果

競爭對手的效果

這作法是，對他人煽動起「不想輸」的競爭心。這個作法在業務工作上容易實行，但如果是其他部門，就要努力讓他們在技術或知識量上作競爭。

承諾的效果

這作法是，讓屬下在眾人面前宣示「必須達成的目標」等，造成他無法臨陣脫逃的局面。讓屬下強烈覺得「說出去的話要負責」、「如果做不到就會丟臉」。

如何做才能讓團隊的意志統一？

原文

夫金鼓旌旗者，所以一人之耳目也；人既專一，則勇者不得獨進，怯者不得獨退，此用眾之法也。〈軍爭篇〉

如何將能力上有差距的組員導引到同一方向

在《孫子兵法》問世的時代，作戰中有所謂的「金鼓（發聲器）」和「旌旗（旗幟）」。這些東西是傳達進軍的時機或該走向的場所之用。也就是說，發聲器和旗幟是為了統一戰士們意志的重要工具。《孫子兵法》上說，**使用這些工具來好好約束士兵們的意志，是調動龐大部隊的手法要領**。

在組織中，越能幹的人越容易成為領頭羊；相反地，不太會做事的人則是討厭工作本身。成員中有這樣的能力差別，實屬自然。就算是如此，但**如果全體同仁不能齊步前進，那麼對組織來說，就無法取得很大的成果。**

用危機感統一意志在整體的戰術中動腦想想自己的角色

所謂的現代組織，一般給人的印象就是角色分工細微化，因此要全員統一意志變得相當困難。

不過，**就算組織內每個人各自做不同的工作，但就整體來說，如果不能協調地朝著一個目標前進，組織的力量就無法發揮**。

以足球為例來說明的話，就團隊而言的成果是指打贏比賽。為了取得比賽勝利，教練會策劃出戰略。在專業賽事中，乍看之下，每位球員在球場上好像各奔東西，事實上球員們掌握了整體戰術和自己扮演的角色之後才行動的。在商業上也可以說，會這番運作是團隊實力強大的條件。讓團隊成員掌握好自己所扮演的角色，是主管的職責。不光是從上位的立場下達指示，還必須努力能讓全體組員有共同意志和目標。

統一團隊意志的方法

有的時候，人數眾多的團隊，只靠來自上頭的命令，是發揮不了作用的。
把目標、手段、阻礙等公開出來，讓全體組員都有所認識吧！

步驟1 告知目標

清楚告知團隊全員「自己想做什麼」。

例業務部的銷售額倍增

步驟2 告知價值

確定好「目標之中，什麼是最重要的」之後，讓大家共有共享。

例新顧客的取得

步驟3 告知手段

確定好「要達成目標，該如何運作」的具體方法。

例1天10件「登門拜訪」

步驟4 告知阻礙

查明清楚「妨礙目標達成的東西是什麼」。

例比別家公司價格高

步驟5 告知數據

將目標轉化為數據化的東西，讓組員共有共享。

例1億元→2億元

步驟6 發表成果

針對目標，定期報告達成的進度。

例這星期得到3個新顧客件

團隊篇

3 組成人少的小組才能提高效率！

原文

凡治眾如治寡，分數是也。〈兵勢篇〉

要全體統一就要把組織切分開來管理

《孫子兵法》上說，即使部隊龐大，但將其分編成各個小隊，分別管理，就能管理得井井有條。像這樣，**把組織分成幾個小組別之後，再去著手推展事物的作法**，也能夠應用在工作上。

舉例來說，部門裡有十位成員，要決定什麼事的時候，謀求全體成員意見一致需要花很多的時間和精力。就算想各別分擔作業，但如果工作的衝勁熱度有落差，步調就難以整合起來，整體來看也就沒有效率。這時的作法應該是，首先，將成員打散，分別**組成人數少的「工作小組」，把主要架構鞏固起來**，之後事情就會進行順遂。接著，把二、三位鬥志高昂的成員聚集起來，讓他們的意見達成一致之後，再向全體成員公布，讓大家共有共享。

靠通才組成的少數精銳團隊鞏固主要架構

組織管理論中有所謂的「八二法則」。也就是說，觀察一百隻螞蟻後，發現到，其實在工作的大約有八十隻，其餘的二十隻不做事。因此，把「不做事」的這二十隻螞蟻抓走，而剩下的八十隻螞蟻中，不久又出現大約二成的螞蟻開始不做事。人類的組織也是如此，某個程度的人聚集起來，其中二成左右的人就老想著偷懶休息。

要防止這種情況發生，果然還是分成人數少的小組比較有效。舉例來說，把工作交由三個人一起來做，而其中有人不做事的話，就會很明顯看出成果受到影響，因此就沒有人會偷懶。

欲建立人數少的精銳小組之際，有一個要點須注意。那就是，盡量**由「通才」來組成成員**。因為盡是一群專家聚集在一起，難免容易各執偏見，沒有交集。但如果是擁有各種經驗的「通才」，則他能站在平穩的位置，提出能讓全員都接受的平衡意見。

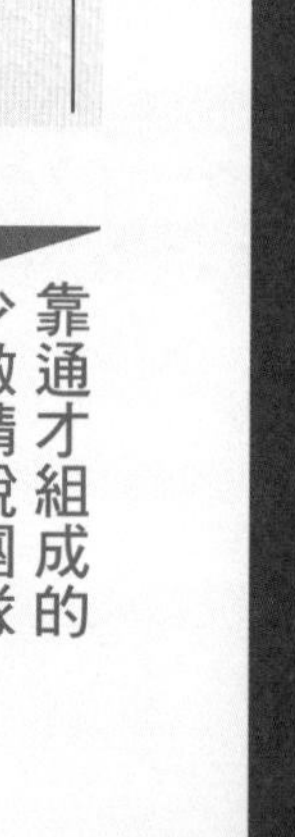

小組制

團隊人數變多，機動力就降低，偷懶的人也就變多。
把人數細分，則效果提升可期。

何謂八二法則

這法則是指，縱然已經拿掉不太做事的螞蟻，但在做事的螞蟻中又出現了不太做事的螞蟻。即使取走勤奮做事的螞蟻，但最終還是變回相同的比例。這情形也適用於人類。

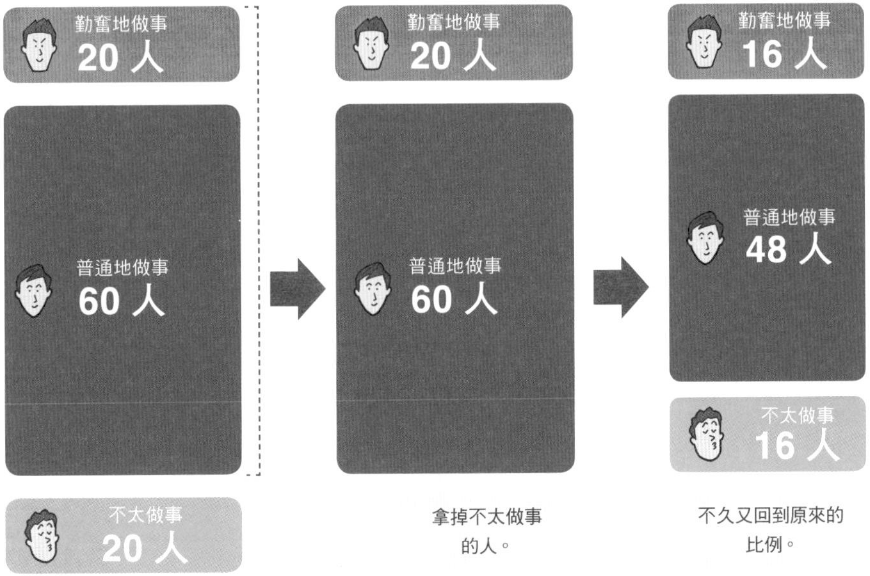
勤奮地做事
20人
普通地做事
60人
不太做事
20人
勤奮地做事
20人
普通地做事
60人
拿掉不太做事的人。
勤奮地做事
16人
普通地做事
48人
不太做事
16人
不久又回到原來的比例。

用人數少的小組避開八二法則

人數一多，八二法則就會啟動。要避開這個法則的現象出現，將一個集團分成一組組人數少的小組團隊，是有效果的。在人數少的小組中，如果一個人偷懶，情況就會變糟糕，因此無法偷懶。除此之外，如果人數少，想法溝通就更容易，也因此會有「決斷什麼事的時候，速度變快」的好處。

團隊篇 4

會議進行得簡短明瞭是鐵律！

原文

故兵以詐立，以利動，以分和為變者也。〈軍爭篇〉

在現代的組織上所必需的是靈活多變的機動力

古代日本將領武田信玄所使用的軍旗上出現的「風林火山」，源自於《孫子兵法》。這是形容軍隊的行動樣態。它的前文就是這段原文，其意思是說，用兵作戰，要善於用計謀迷惑對方，才能立於不敗之地；要判斷是否有利於我，才會有所行動；**依戰況變化適時地分散和集中，從而靈活多變地使用兵力。**

在這個兵法中，尤其值得注意的地方是，依戰況變化適時地分散和集中，從而靈活多變地使用兵力。

在商業快速變化的現代，**「有必要的話，就會突然集合」、「該決定的事，迅速作出決定」、「立刻分散，開始朝向實現目標邁進」，諸如此類的機動性**是必需的。然而，重視同行協議的風氣在日本根深蒂固，一大票人擠在會議室裡，花費冗長的時間相互交談，但也不見意見統一。這樣的光景屢見不鮮。

開會五分鐘幾個人聚在一起迅速統一意見

以歐美的企業來說，**比起「相關企業齊聚一堂達成協議」或是「對枝微末節的認同」，他們更重視合理性和效率**。即使是開會，果然還是要如「以分和為變者」所言，三至四人迅速聚在一起站著閒聊，用不到十分鐘就解散，這種狀態似乎很常見；而且，也沒有部門的壁壘，會議的進行極有彈性。

要像這樣讓組織具有速度感，首先就要習慣**「會議由二至三人組成」**。會議的時間以五分鐘作切分，一個人發言限定在十五秒以內。不否定彼此的意見，在對方好的點子上持續累加自己的意見。如此一來，最後一定會附帶「意見統一」作為條件。

要在這樣的會議上有效率地傳達自己的意見，事前的準備是必要的，由於會議的本身也必須在短時間內作出結論，所以在開會的時候，也漸漸變得會集中精神開會。

差勁會議的特徵

讓人覺得「工作忙得要死，還要被剝奪時間，真令人討厭」、「浪費時間」，這都是因為錯誤的會議進行方式。

1 與會者雖然不少 但發言的總是同一人馬

沉默的人居多，發言的只有老闆或部長……。會議是一個「不在意上下階層關係，自由地主張個人意見，決定每個提案」的場合。從上司到屬下，積極地徵詢他們的意見吧！

2 會議開始時 看完資料

開會時，沒有比相互看著彼此資料更浪費時間的。會議資料在事前先發放給大家，開會時，就從針對議題交換意見開始吧！不事先看資料，就是怠忽職守。

3 關鍵人物 沒來參加

對討論內容，具有決定權並可賦予實行的人就是關鍵人物。沒有決定權的人不管聚集多少人，都是沒用的。

4 只是一味地「打槍」 什麼也沒作出決定

主管在別人發言時插嘴，或是直截了當說出否定對方的看法，致使發表者變得難以發言。首先，傾聽到最後，然後讓大家針對議題進行討論，這樣才合情合理。

優質會議的特徵

如果只是從自己的時間被剝奪的角度來看，我覺得簡短的會議比較好吧。不過，也並非所有簡短的會議都稱得上是優質會議。

1 作好事前準備 會議本身就會速戰速決

事先整理好論述要點，就能夠集中精力在討論上，成為有建設性的會議，開會時間也能縮短。討論進入白熱化而延長開會的時候，也不成問題。

2 開會作出的結果 馬上訴諸實行

會議做出的結果若立即付諸實行，就稱得上是有意義的會議。與會者知道自己的意見反映在成果上，自然也會變得更加積極。

團隊篇

5

會議上明確指出「有利」和「不利」

原文

智者之慮，必雜於利害，雜於利而務可信也，雜於害而患可解也。〈九變篇〉

試著不要設限地分派給屬下稍微困難的工作

《孫子兵法》上說，藉著比較和檢討事物的利益和損害，看穿利益中存在的損害、損害中存在的利益，以提高實現的可能性。

「判斷什麼事的時候，**比較有利的一面和不利的一面之後，再作決定**」，這乍看之下或許會認為理所當然。然而，在商業上，要持續這麼做是一件難事。

舉例來說，在強勢的上司主導下的企業裡工作，很難說出消極否定的言論吧。要說到這種企業不利的一面，那就是屬下可能會被貼上「膽小鬼」、「保守」之類的標籤。反之亦然；被許多人否定的企畫中，就算有值得肯定的部分也會被忽視而漏看。

弱點和優勢互為表裡 詳細研討並看清楚後再下判斷

在企業會議等場合上，為了隨時都能冷靜地判斷出「利益」與「損害」，就必**須事先斷定「所有提案或企畫都有好的一面和不好的一面」，然後再進行。**

具體的作法就是，確實地把該研討的事項檢視出來之後，在白板的中央畫一條線，區分左邊為有利的一面、右邊為不利的一面，我想這樣一來就能一目了然。這時的重點就是，規定一定的數量，好比說「各舉出五個有利事項與不利事項，並條列式地寫出來」，而不是盲目地思考。這麼一來，由於寫完規定的數量，就沒必要強迫再繼續想下去，也就能更詳細地檢視內容。

事項彙集好之後，研討有利的一面中是否有不利、不利的一面中是否有可取之處。事實上這是非常重要的；**最大的優勢潛藏在弱點中，或是被認為是優勢的東西，卻成為降低實現可能性的主要原因**。這麼說來，把利、害放在天平上衡量後再下判斷，也不錯。

看看「有利」和「不利」兩面

舉凡事物都一定有「好的一面」和「不好的一面」。
不要有先入為主的觀念，一定要努力去看這兩面。

案例1 就算是保證會成功的企畫 也務必先想好不利的一面（風險）

若能同時考慮到足以克服不利影響（風險）的方案，意料之外的事情發生時，就能臨危不亂地處理。

具體例子
- 資金是否估算正確？
- 作業員是否缺乏經驗？
- 是否沒有展現出新技術？
- 資訊是否被隱藏起來？……等

案例2 就算看似會失敗的企畫 也要想著或許有有利的一面

儘管是會失敗的企畫，也有有用的一面。冷靜地探尋好的一面，是很重要的。

具體例子
- 是否可轉用到其他企畫的方案？
- 如果改變方針是否可行？
- 看起來是弱點但或許可成為賣點也說不定。……等

有什麼似乎有利的東西…

了解活用在會議上的技巧吧

一旦養成檢視有利和不利兩面的習慣，
就開始付諸行動把它活用在會議上吧！

〔實踐時的具體順序〕

1. 在白板的中央畫一條直線。
2. 把有利和不利分置於左右兩邊。
3. 規定各邊最少舉出 5 項並逐條寫出來。

6 了解「不戰而勝」的祕訣

原文

是故百戰百勝，非善之善也；不戰而屈人之兵，善之善者也。〈謀攻篇〉

商業上的勝負在作戰前的階段就已經定出來

每一場談判或簡報發表，並非只限於當下的「一舉定勝負」。在達到勝負之前的資訊蒐集和戰略，極為重要，也是勝負的關鍵所在。

換句話說，「客戶或顧客的需求是什麼」、「競爭上必須建立什麼樣的策略」、「社會情勢和流行趨勢是如何」、「高層正在想什麼」等，諸如此類事先該掌握的資訊，牽涉到許多層面。這些事前的資訊蒐集，決定了實際「戰場」上的勝負。總之，也可以說：不用戰，勝負就已經伴隨而來。

《孫子兵法》上也說：**比起百戰百勝，不戰就能讓敵軍屈服，才是最佳方策。**兵書上也三番兩次地提及「事前的資訊分析，是最重要的」。

把戰略思考養成習慣心理壓力就會變輕

在工作上，盡量收集資訊，並以此為判斷素材來決定如何行動，這樣的作法才是王道。就每一場談判或簡報發表來說，**在終於走到這個舞臺之前，其周詳踏實的準備工作上，也都是有祕訣的。**

一旦和客戶的談判失敗，就想著該如何是好，心情也變得沉重；一旦簡報發表進行得不順利，可能會惹得上司發脾氣，想到這點就開始胃痛。諸如此類的狀況一旦出現，對人際關係就會產生過度憂慮，這樣的人我覺得不在少數。

不過，讀了《孫子兵法》之後，就會了解到，如果制定戰略時，把成果擺在第一位，**那麼就能凌駕自己的心情之上，以「合理性」為依歸作出判斷**。這樣一來，心理上的壓力也就會減輕許多。至於人際關係，應該也能理性地思考，得出這樣的想法：「為了讓後面的提案順利通過，在此從戰略角度來考量，先討好上司比較好。」總之，想要習慣於這樣的思考模式，就務必嘗試著把《孫子兵法》靈活應用在日常的各種場合中。

目的在於「勝利」而非「作戰」

能避開的戰爭就徹底避開，這是《孫子兵法》上的祕訣。
也就是說，就算是逃避，但如果最終是獲勝的，那也不錯。

祕訣1 盡量不和對手站上同一擂臺對戰

和對手相比，不管自己有多優秀，但正面對決一爭勝負時，也只會耗損自己的心力。不要站上同一擂臺，運用對手跨足不到的領域或稍微不同角度的戰略，一決勝負吧！

祕訣2 不惜努力取得情報

若想發掘出誰都跨足不到的領域，那麼，掌握到情報是必要的。所以，不惜花費功夫和成本去投資吧！儘管得到情報結果也無法決出勝負，但因倉促行事沒釀成災，也就沒有輸。

祕訣3 把對方引入我方陣營

就像大企業利用購併，把同行的別家公司納入自己手中一般，與其和對手交戰，還不如讓對手站在自己這邊。把對手拉進我方陣營時，並非給予對手嚴重打擊使其屈服，而是做到對手也毫髮無傷，這點非常重要。

祕訣4 戰略上的思考凌駕個人情感之上

「和個人情感作切割」是戰略上的思考。就算公司內部有討人厭的人，但老是嘟囔著「他令人厭惡死了」，那也只是讓自己累積壓力。當分析出「一吹捧這個人，他就高興」時，就照著分析結果去做，才是為彼此著想。

齋藤派
工作上的創新點子

6

把過往也記在記事本裡
並掌握工作進度

「從小組出發去管理和運作大集團」的這套手法（➡P208），也可以靈活運用在人的集團以外的地方。

能發揮這個效用的地方，就是**應用在時間的使用法上**。

舉例來說，面對離截止日期還久得很的長期工作，如果不懂得分配時間和勞力，等臨到截止日期，就忙得不可開交。不管是誰都曾遇到這樣的狀況吧。一忙起來，就容易變成工作過勞。不僅是當事人自己如此，也有可能給周遭人增添麻煩。如果能掌握住「什麼樣的工作會花多長的時間」，並確實符合自己的步調，就不會陷入那樣的狀況。

有助於掌控自己工作步調的，就是**安排時程的記事本**。平常它只用來記下未來的預定事項，不過，在此**把過去的事情和已經做的工作內容也記在這本子上**。持續記錄一段時間後，以一天為單位，「自己在什麼工作上花費多長時間」、「進展情況如何」，都可以一目了然。就連「和當初預定的偏離多少」，也變得清楚可知。看著以一天為單位的記錄時，**自己的步調也變得能掌握得到，應該改善的點開始變得清楚明確**。

和這手法有著異曲同工之妙的是「業務日誌」。依公司的不同，有的公司規定在一天結束時，必須將它繳交出來。如果「把它交給主管就完事……」，這樣就太可惜了。我建議，試著由自己來重新檢視。如果持續累積每天的記錄，就會變得毫不浪費且能游刃有餘地著手進行工作。

齋藤派

工作上的創新點子

LET'S TRY!

7

用腦力激盪法 提高士氣

要想培育有機動性的團隊，那麼有效的作法是，**養成腦力激盪的習慣**。我想，已經有不少公司正在這麼做。但是，「和往常的開會一樣，沒有什麼改變」或是「在閒談中，結束開會」，像這樣的情形屢見不鮮，很少有公司正確地享受到那個作法的好處之所在吧。

要讓腦力激盪**成功，有幾個條件設定是必要的**。好比說，「參與進行的人數要少」、「以 5 分鐘來切分時間」、「規定一個人的發言在 15 秒以內」、「彼此用名字或綽號來稱呼對方」、「不互相否定對方的點子」、「有好的點子出現就拍手叫好」等。接著把「最後一定由團隊整合出一個點子並對外發表」視為目標，並作好準備。

總之，要在短時間整合所有點子，那麼，迅速又直截了當的作法就是，**讓全員腦子全力轉動起來，然後搭上某個人的點子去發想**。像這樣進行的流程一旦形成，就有可能迅速把點子傳遞給他人，場子也會熱絡起來。與會者的腦子就像被暴風雨狂力搓揉般混成一團，**形成團隊的一個「虛擬大腦」**，當然也產生出團隊一體的感覺。

在人數少的小組團隊中更換成員，同時進行多次，如此一來，就能了解許多夥伴們的為人。就算沒有特意安排員工聚餐等活動，**團隊成員的距離感也會縮短，也能加強橫向的攜手合作**。

一旦體驗到一次正確的腦力激盪之後，參加的成員可能都會大喊「想再做更多」吧。只要有一點點的時間和恰當的主題，就能夠輕而易舉地提高屬下的士氣。

終場

空降到二課之後
轉眼過了一年
我從《孫子兵法》上
學到了不少東西
孫子兵法
超訳！
知己知彼
百戰百勝
全都記載在書中
接下來……

孫子兵法
孫子時代的「戰」在現代就是「商業」
逃避婚姻的女人
熟知「孫子」的女人
麻生千夏(歲)

西東電機
社長室
孫子兵法
把《孫子兵法》靈活運用在商業上
示範的企畫做得如何？
進行非常順利

即使沒有高層插手也見效嗎？
正如您所料
突然把麻生千夏轉調，真難為她了
不過，我早就認為，如果是她，
一定能把《孫子兵法》運用得得心應手
微笑
西東電機老闆
松平和信（65歲）
那麼乘勝追擊開始進行下個計畫吧
遵命

終

還未完！

對工作有助益的孫子兵法

本書中，除了先前所介紹的內容之外，《孫子兵法》還有一部分，將接下來詳述。和前面所學的《孫子兵法》的精華一併學習，並活用在工作上吧！

善用兵者，修道而保法，故能為勝敗之政。兵法：一曰度，二曰量，三曰數，四曰稱，五曰勝。〈軍形篇〉

解釋　善於用兵的人，潛心修治致勝之道，確保致勝的法度，所以能成為主宰勝敗的支配者。兵法：一是度，即衡量敵我的國土面積，二是量，即推算雙方物資數量，三是數，即統計雙方兵力的多寡，四是稱，即比較雙方軍事的綜合實力，五是勝，即判斷雙方勝負的可能結果。

也就是說，開始著手什麼事的時候，準備工作果然是非常重要。得出數值的東西都是先預估計算出來的，謹小慎微細心地調查之後，才著手進行工作。

故善動敵者，形之，敵必從之；予之，敵必取之。以利動之，以卒待之。〈兵勢篇〉

解釋　善於控制敵軍的人，向敵軍展示真假難辨的軍情，敵軍必然據此軍情而跟隨我方的意志；給予敵軍一點實際利益作為誘餌，敵軍必然趨利而來。利用這些利益調動敵軍，我方士兵則嚴陣以待。

也就是說，自己採取什麼樣的態度，對方就會如是行動。若了解這點，就能輕易地操控對方。工作上也一樣，「如何調動人」是非常重要的事。「人對什麼有興趣，以及該怎麼做，才能讓人動心」，這些都要仔細洞察才好。

是故朝氣銳，晝氣惰，暮氣歸。〈軍爭篇〉

解釋　早晨敵軍力氣峰銳；白天時力氣開始下滑；傍晚以後，人心思歸，力氣潰散。

也就是說，發動攻擊時，最好是在敵人最沒精神的中午過後或晚上。人的精神像這樣依時間而產生變化，古今都是一樣的。工作上，向上級請示什麼事的時候，在人容易昏昏沉沉的中午或帶著疲累的晚上比較好也說不定。

高陵勿向，背丘勿迎，佯北勿從，圍師遺闕，歸師勿遏，此用眾之法也。〈軍爭篇〉

解釋 不要去仰攻在高地的敵軍，不要去迎戰背靠丘地的敵軍，不要去追擊假裝敗逃的敵軍，不要正面遏阻正班師回國的敵軍，包圍敵人時要遺留缺口讓敵軍逃走。這些是運用軍隊的方法。

看穿對戰的敵人，是非常重要。敵人處於有利的狀況或是被追得走投無路時，與之交戰因風險大，所以應該避免。

紛紛紜紜，鬥亂而不可亂；渾渾沌沌，形圓而不可敗。〈兵勢篇〉

解釋 旌旗紛紛，人馬紜紜，在戰場混亂的狀態中作戰，自己的部隊不能亂了陣腳；在混沌迷濛不清的情況下，兩軍攪成一團，但我方勝券在握。

組織的實力並不是放任不管就能維持下去的。也就是說，不能因為組織的體制完善就安於現狀。

上雨水流至，欲涉者，待其定也。〈行軍篇〉

解釋 上游下雨，洪水突至，若想要涉水而行，應等待水流稍平緩以後。

即使知道狀況險惡，但仍然不改變計畫奮勇前進，是不智之舉。在工作中，與「時機」有很大的關係。「狀況惡劣時，暫時撤退的勇氣也很重要」，這點不可不知。

諄諄翕翕，徐與人言者，失眾也；數賞者，窘也。〈行軍篇〉

解釋 低聲下氣對屬下講話，表示將帥已失去人心；不斷靠犒賞士卒維持局面，表示軍隊士氣低迷，將帥處於窘境。也就是說，根據將領的態度，就能看出軍隊正處於什麼狀態。

主管和藹可親的時候，也許是有原因的。當主管和顏悅色跟你說話時，冷靜思考一下「背後是否有什麼原因」，或許比較妥當。

台灣廣廈 國際出版集團
Taiwan Mansion International Group

國家圖書館出版品預行編目（CIP）資料

速戰速決孫子兵法鬼速工作術 / 齋藤孝監修；葉冰婷譯
–新北市：財經傳訊，2019.12
面；　公分
譯自：マンガ 齋藤孝が教える「孫子の兵法」の活かし方
ISBN 978-986-130-434-2（平裝）
1.孫子兵法 2.研究考訂 3.職場成功法 4.謀略

494.35　108006877

財經傳訊
TIME & MONEY

速戰速決孫子兵法鬼速工作術

マンガ 齋藤孝が教える「孫子の兵法」の活かし方

監修者／齋藤孝
漫畫家／阿部花次郎
譯者／葉冰婷
編輯中心編輯長／方宗廉
封面設計／16設計有限公司
製版・印刷・裝訂／東豪・弼聖・秉成

插畫／中村知史
設計／佐佐木容子(KARANOKI Design 制作室)
攝影協助／Aflo・Photo Agency、Shutterstock
執筆協助／國天俊治
校閱／聚珍社
編輯協助／ark・communications

行企研發中心總監／陳冠蒨
媒體公關組／陳柔彣
整合行銷組／陳宜鈴
綜合業務組／何欣穎

發行人／江媛珍
法律顧問／第一國際法律事務所 余淑杏律師・北辰著作權事務所 蕭雄淋律師
出版／財經傳訊
發行／台灣廣廈有聲圖書有限公司
地址：新北市235中和區中山路二段359巷7號2樓
電話：（886）2-2225-5777・傳真：（886）2-2225-8052

代理印務・全球總經銷／知遠文化事業有限公司
地址：新北市222深坑區北深路三段155巷25號5樓
電話：（886）2-2664-8800・傳真：（886）2-2664-8801
網址：www.booknews.com.tw（博訊書網）
郵政劃撥／劃撥帳號：18836722
劃撥戶名：知遠文化事業有限公司（※單次購書金額未達500元，請另付60元郵資。）

■出版日期：2019年12月
ISBN：978-986-130-434-2